United Nations
Environment
Programme

Women
and the
Environment

POLICY SERIES

UNEP

WE DO

UNITED NATIONS
FOUNDATION

Table of Contents

Foreword

With *Women and the Environment*, the United Nations Environment Programme (UNEP) pays tribute to the essential contributions of women to environmental conservation and management. *Women and the Environment* sees women as crucial agents of change. It places half the world's population at the heart of the work of UNEP and its partners and challenges us all to take action accordingly, recognizing that gender equality and equity is essential for achieving sustainable development, eliminating poverty and upholding human rights.

As the majority of the world's poor, women play decisive roles in managing and preserving biodiversity, water, land and other natural resources, yet their centrality is often ignored or exploited. This means that a chance for better management of those resources is lost, along with opportunities for greater ecological diversity, productivity for human sustenance and economic development. Moreover, while environmental degradation has severe consequences for all human beings, it particularly affects the most vulnerable sectors of society, mainly women and children.

This publication makes the often hidden links between women and the environment visible, with an explicit focus on the gender-related aspects of land, water and biodiversity conservation and management. UNEP hopes that *Women and the Environment* will inspire the environmental and sustainable development community to better understand the importance of gender, and to integrate a gender perspective across all of its work.

Box 1 chronicles how gender issues have been part of the UNEP mandate since the 1980s. As part of its objective to help achieve sustainable development, UNEP is now urging that national and

3

international policies and programmes at large must reflect gender equality and empowerment. This falls in line with the Millennium Development Goals – in particular Goals 1, 3 and 7, which call for the eradication of extreme poverty and hunger, promotion of gender equality and empowerment of women, and ensuring environmental sustainability.

Efforts in this direction also build upon the outcomes of the 1992 Earth Summit in Rio de Janeiro, the 1995 Beijing Conference on Women and the 2002 World Summit on Sustainable Development in Johannesburg. Collaboration and partnerships with civil society, including women's organizations, are essential. Strategic actions, as outlined in the last chapters of this publication, will help us to fulfil our mandate of environmental conservation for human development.

Klaus Toepfer
Executive Director
United Nations Environment Programme

I. Introduction

"We need to use natural resources properly so they will be there for generations to come."

Sara Bock, Namibia

Women comprise over half the world's population. They make a major contribution to the well-being and sustainable development of their communities and nations, and to the maintenance of the earth's ecosystems, biodiversity and natural resources. In *Women and the Environment*, the United Nations Environment Programme (UNEP) highlights the many roles that women play. This publication shows that a gender perspective on environment and development calls for a specific focus on the contributions, needs and visions of women, as their positions have too often been neglected in environmental arenas. Stressing the value of examining sustainable development through a gender perspective, it explores specific policies, strategies and practices in environmental use and conservation. These should inspire and advance the work of UNEP, its constituencies and partners, including governmental and international agencies; and also civil society organizations.

Designed to appeal to women and men alike and enhance their awareness of gender issues, *Women and the Environment* invites men in particular to take an active interest. It is now widely understood that: "policies that target women only cannot achieve the best results. Nor can those which assume that public actions are gender-neutral in their effects. Hence, promoting gender equality implies a profound change in socio-economic organization of societies: not only in the way women work, live and care for the other members of the households, but also in the way men do, and in the way their respective roles in the family and community are articulated with the need to earn a living" (United Nations, 1995).

Box 1: UNEP's work on women and the environment

1980s	UNEP plays a pioneering advocacy role in linking women and the environment.
1985	Holds a Special Session on women and environment at the UN Third World Conference on Women, in Nairobi.
	Hires senior women advisers on sustainable development.
1991	Co-organizes the Global Assembly on Women and Environment in Miami, Florida, United States of America.
Since 1992	Focusing more on internal functioning, less on external advocacy.
1993/1995/1997	The 17th, 18th and 19th sessions of the UNEP Governing Council issue decisions on the organization and the role of women in environment and development.
1995	Issuance of the publication Gender and Environment: A UNEP Perspective.
1996	A policy statement from the Executive Director sets forth guiding principles for integrating gender into UNEP activities.
1997	Inclusion of gender sensitivity guidelines within UNEP's Project Manual.
1999	Appointment of a UNEP gender focal point.
	Report to the 20th session of the Governing Council on the "Role of Women in Environment and Development" (UNEP/GC.20/10).
2000	Issuance of the publication Success Stories: Gender and the Environment.
2004-2005	UNEP Programme of Work includes a commitment to make gender a cross-cutting priority in all its programmes, with an emphasis on the empowerment of women in environmental decision-making; active participation of women; technical assistance to women's networks; a focus on women in reports on environmental links to ill health; development of education and training materials; organization of workshops; and gender balance in meetings.

Sources: INSTRAW, 2003; personal communication with Klaus Toepfer, Executive Director of UNEP, August 2003

The following pages result from a partnership between UNEP and the Women's Environment and Development Organization (WEDO). An international advocacy organization, WEDO works to achieve a healthy and peaceful planet, seeking environmental, social, political and economic justice for all through women's empowerment and equal participation in decision-making, from the local to the global arenas.

Women and the Environment is based on 20 years of experience in this field, on existing publications and expertise, and on consultation between organizations and networks. A peer review meeting held in Nairobi on 17 and 18 November 2003 brought together 14 experts who shaped the development of the publication and its recommendations. Case histories submitted by women from around the world document with great clarity how women's knowledge and dedication are vital to sustainable environmental management.

This publication has come to life through the generous financial support of the United Nations Foundation, which promotes a more peaceful, prosperous and just world by supporting the United Nations and its Charter. Through grant-making and by building new and innovative public-private partnerships, it acts to meet the most pressing health, humanitarian, socio-economic and environmental challenges of the twenty-first century. UNEP is grateful to the Foundation for making *Women and the Environment* possible.

Following this introduction, the second chapter opens with an outline of some of the major issues related to women and the environment. It looks at the broader context of the still large gaps, for most women, in gender equality, along with some of the attempts to narrow them. Describing the evolution of development analysis from a focus on women as a separate group to its current more holistic emphasis on gender, the chapter considers an analytical framework for future discussions of women, the environment and development.

As biodiversity, desertification and water management are critical priorities in the work of UNEP, chapters III, IV and V highlight the importance of exploring those areas from a gender perspective. They delve into how women use resources, contribute their knowledge and promote environmental management and conservation. Those chapters also give an overview of the most relevant policy developments and points for future work. We hope that other issues, such as energy use and climate change, toxic substances and marine issues, will be tackled in future studies and documents.

The sixth chapter summarizes key strategies and policy recommendations for integrating gender perspectives within environmental management. It touches upon the institutional challenges, gender mainstreaming, women's empowerment and links between opportunities and capabilities. A series of conclusions appear in the seventh and final chapter, which also assesses the challenges and opportunities ahead and gives recommendations for future research and action.

As additional resources, the annexes feature definitions, a list of annotations, references and a bibliography, other sources of information, and contact points for contributors to the publication.

A great number of people played a role in *Women and the Environment*. Special thanks go to those who wrote case studies and boxes: Lorena Aguilar, Kitty Bentvelsen, Alice Bouman-Dentener, Thais Corral, Hilary French, Sascha Gabizon, Aseghedech Ghirmazion, Minu Hemmati, Iona Iacob, Mia MacDonald, Abby Taka Mgugu, Biju Negi, Margriet Samwel, Anna Tsvetkova and Leonor Zalabata. Gratitude is due also to the participants in the peer review meeting for sharing their time and expertise: Kitty Bentvelsen, Barbara Gemmil-Herren, Aseghedech Ghirmazion, Minu Hemmati, Davinder Lamba, Mia MacDonald, Mary Mbeo, Abby Taka Mgugu, Lucy Mulenkei, Biju Negi and Danielle Nierenberg. Finally, there is much appreciation for the written comments of Betsy Hartmann, and a very special word of thanks goes to Gretchen Sidhu and Edward Freeman for their editing work. All of your contributions prove once again how collaboration between people of different regions, backgrounds, ages and genders can help us achieve a just and sustainable planet for all. A further testament to the role of women in particular in maintaining this momentum appears in the four boxes in this introduction.

Box 2: Khalida Bibi, Takya village, Pakistan

Khalida Bibi, 39, is one of 33 laureates who received the Prize for Women's Creativity in Rural Life 2003 bestowed by the Women's World Summit Foundation. Khalida's great knowledge of indigenous seeds makes her active in biodiversity conservation in her village. She can evaluate quality and water requirements simply by holding the seeds in her hands.

Within her house, she has created a village seed bank with more than 70 seeds from different crops. She grows both indigenous and hybrid varieties to test their productivity, and conserves only the best quality for distribution to other women farmers. A role model for these women, Khalida shows how they too can benefit from their indigenous knowledge, generate income and improve family living conditions.

Source: Women's World Summit Foundation Global Newsletter, no.12, July 2003, p.19

Box 3: Sara Bock, Nico-Noord community, Namibia

"At the beginning of 1990, we started a farmers' league and I was elected as chairman of the organization ... In 1993, the drought got worse and the livestock began to die at a fast rate and none of us could help each other. There was no grazing land and trees were cut to feed animals. I think the drought affected women the most because they could no longer (afford to) send their children to school, and the men had to go and work for the railway or very far from home.

"In 1995, we started a campsite project and other small projects. I also started a nature protection fund with the money that I received from the NNF (Namibia Nature Foundation), with the aim of combating desertification. Right now we are preparing a practical farm management project at Nico-Noord. I just pray that the Lord will grant my wish to restore communal lands and make life easier. I want to help improve the land because only that can help us. We need to use natural resources properly so they will be there for generations to come."

Source: http://www.unccd.int/publicinfo/localcommunities/namibia1-eng.pdf

Box 4: Maria Benavides, Dominican Republic

Maria lives in a small, isolated village in the Dominican Republic, a country where water is an increasingly scarce resource. Only 66 per cent of the urban and 25 per cent of the rural population have access to a safe supply. Until recently, Maria had to dedicate hours a day to fetching and storing water, with the help of her children.

Then the women's group to which she belongs stepped in and asked for support from MUDE (Mujeres en Desarrollo, or Women in Dominican Development), an organization that has worked on water and sanitation projects for nearly a decade. It collaborates with communities to provide appropriate technology, such as gravity systems, pumps and solar energy, and a distribution network with a tap in each home. Incorporating women's and men's particular knowledge of water sources, quality and other environmental conditions, MUDE also promotes the inclusion of a gender perspective in the Government's water and sanitation policies and initiatives.

Today, the entire community in Maria's village is involved in a MUDE-assisted water project, which includes a community water-management committee coordinated by a woman. Water is now more available and better in quality, while women are saving hours of work.

Source: Williams, 2002

Box 5: Milya Kabirova, Ajgul, Russia

"We don't know how long the secret of the radiation accidents at the Mayak nuclear facility would have been kept had the Chernobyl tragedy not happened. Chernobyl stands at the cradle of the Urals ecological movement. My own work is inspired by that of my mother, Sarvar Shagiakhmetova. In 1995 she was the first person to start a lawsuit in order to get recognition of her and our family's diseases linked to radiation and to get compensation from the Mayak nuclear plant. The lawsuit that could have created a precedent for other cases was stopped when my mother died in October 1998."

"I have been working now for many years with other organizations in the Chelyabinsk region, and in 1999 I founded the (non-governmental organization) Aigul, which means 'Moon Flower' in Tatar. It is a beautiful name for a sad flower that grows not under the sunshine but in the white stillness of the moon, resembling the nuclear winter. Our main objectives are to protect the civil rights of people who have been exposed to radiation and their descendants, to promote an ecological way of thinking, to promote the principles of humanism, to eliminate nuclear arms production and usage, and to promote public participation in shaping state policy and laws."

Source: Women in Europe for a Common Future (WECF), 2002, pp.97-100

11. Women, environment and sustainable development: making the links

"Life is a whole, it is a circle. That which destroys the circle should be stopped. That which maintains the circle should be strengthened and nurtured."

Julekha Begum, peasant woman from Gaibandha, Bangladesh

The world is unique for every human being, but, in general, women's lives vary greatly from those of men because of patterns of socialization related to gender. In terms of the environment, women around the world play distinct roles: in managing plants and animals in forests, drylands, wetlands and agriculture; in collecting water, fuel and fodder for domestic use and income generation; and in overseeing land and water resources. By so doing, they contribute time, energy, skills and personal visions to family and community development. Women's extensive experience makes them an invaluable source of knowledge and expertise on environmental management and appropriate actions.

Women, gender and equality – still a wide gap

While women's environmental contributions offer an incentive for a thorough analysis of gender, there is a broader perspective as well. A recent World Bank study (2002) found that gender equality is essential for countries' economies. And, as Aguilar (2002) argues, sustainable development is not possible without equity. In fact, it is a prerequisite for any action aimed at improving people's quality of life. This implies that gender equality and equity are not only a question of fundamental human rights and social justice, but are also instrumental, and a precondition, for environmental conservation, sustainable development and human security.

11

Box 6: Women and the environment: a rights-based approach

A rights-based approach to sustainable development describes situations not simply with regard to human needs or development requirements, but in terms of societal obligations to respond to the inalienable rights of individuals. It empowers people to demand justice as a right, not as a form of charity, and gives communities a moral basis from which to claim assistance when needed.

Source: Lorena Aguilar, IUCN

Another issue is that, sometimes, despite large obstacles, women have proven to be highly effective agents of change, organizing all over the world to demand and work towards a healthy environment. Innumerable organizations with women at the helm have contributed to setting a sustainable agenda through their advocacy and lobbying, developing alternatives to unsustainable development, and making sure that women's voices are heard and their perspectives taken into account (see also box 7).

Box 7: Green Belt Movement, Kenya

By **Mia MacDonald** (Worldwatch Institute)
"Trees are alive, so we react to them in very different ways. Often, we get attached to a tree, because it gives us food and fodder and fuel for our fires. When you plant a tree and you see it grown, something happens to you ...You see the relationship between a person and the environment. It is wonderful to see that transformation, and that is what sustains the movement!"

Wangari Maathai (in: Cuomo, 2001)

Launched in Kenya on Earth Day in 1977, the Green Belt Movement was one of the first efforts to incorporate the links between gender and natural resources within a grassroots environmental campaign – in this case, by mobilizing women to plant indigenous trees.

Since its founding, the Movement has created a national network of 6,000 village nurseries, designed to combat creeping desertification, restore soil health and protect water catchment areas. About 20 million trees have been planted by the Movement's 50,000 women members. While some trees have been

Box 7: Continued

harvested, millions more (including native fruit trees) still stand. In recent years, the Movement's work has expanded to include issues of food security and the production of native foods, such as millet and groundnuts, many of which have been abandoned in favour of fast-growing, more ecologically demanding crops for export, such as coffee, tea and flowers.

Conceived by the National Council of Women of Kenya, the Movement has always sought to address gender disparities, self-sufficiency and the role and power of women in environmental protection. The trees provide women with shade and windbreaks for crops, improved water resources, food and income (women are paid for seedlings that survive), as well as skills and autonomy.

"Implicit in the act of planting trees is a civic education, a strategy to empower people and to give them a sense of taking their destiny into their own hands, removing their fear …"says founder Wangari Maathai, now Assistant Minister for Environment, Natural Resources and Wildlife in Kenya's new Government.

The Movement's work has spread to other countries through the Pan-African Green Network, with NGO partners taking up tree planting and women's empowerment activities.

Sources: Maathai, 2003; Cuomo, 2001

Yet there is still limited recognition of what women contribute – or have the potential to offer – to survival and development. For most societies in the present world, discriminatory social structures and attitudes, at personal, community and institutional levels, persist in deeply entrenched patterns of gender inequality (see box 8). Many women encounter steep barriers related to their family and socio-economic status, including their living conditions in isolated or impoverished areas. Generally, women work longer days. They combine household and reproductive tasks – such as cleaning, cooking, shopping, childbearing and care giving, as well as the provision of water, fuel and other products – with productive activities in the fields or through other forms of income generation. Single parents, refugees and other displaced women, and migrant workers confront additional stumbling-blocks that often result in further marginalization and violence against women.

Box 8: Discrimination, deprivation and non-fulfilment

Basic data illustrate discrimination against women and the deprivation that often results.

Gender equality: Only seven developed countries have achieved high levels of gender equality and empowerment on all the selected Millennium Development Goal 3 indicators (see table 1, year 2000); among the developing countries, the highest levels are in Argentina, Costa Rica and South Africa.

Poverty: A majority of the world's poor are women and children. Although there is a commonly held belief that women comprise more than 60 per cent of the people living in poverty, the figure is lower in Latin America.

Mortality and birth rates: Women have higher mortality rates in a number of countries. The birth rate of girls is declining in countries such as India as a result of preferences for boys together with easy accessibility to sex determination tests, even though these are illegal.

Education: In 2000, 63 million primary age girls did not enrol in school; three fifths of the 115 million children out of school were girls; and two thirds of the 876 million illiterate adults were women. From 1990 to 2000, the gender ratio in primary education rose from 86 to 92 girls per 100 boys, but for young women (15-24 years old) in developing countries, literacy is 60 per cent, compared to 80 per cent for men of the same age.

Health: Globally, women constitute just under half of adults with HIV/AIDS, but in sub-Saharan Africa more than 55 per cent of infected adults are women; young women are two to four times more likely to be infected than young men. In South and South-East Asia, 60 per cent of young people infected with HIV/AIDS are female.

Work and employment: Women produce most of the food consumed in sub-Saharan Africa and (to a lesser extent) in Asia. Yet the poorest women in the world are employed in agriculture or in "informal" manufacturing and services; their work is vastly undercounted in employment statistics and they receive low and irregular pay. Even though women's participation in the formal economy continues to climb, their share remains much lower than men's and they earn less. In Cuba in 2001, for example, women worked 55 per cent of the total working hours, of which 29 per cent was paid work and 71 per cent unpaid.

Box 8: Continued

Men worked 45 per cent of the total hours, of which 67 per cent was paid and 33 per cent unpaid.

Access to services: In dozens of developing countries, poor people, ethnic minorities and women still lack access to public services and private opportunities.

Land rights: Women have unequal rights and insecure access to land and other natural resources – fewer than 1 in 10 female farmers in India, Nepal and Thailand own land. Landlessness in Latin America is on the increase, with Mexico showing the biggest gender gap in land ownership. There, women make up only 21 per cent of property owners, despite land reform (see case A below).

Decision-making: Women account for 30 per cent of the parliamentarians in just seven countries. Worldwide, they constitute only 14 per cent of the members of parliaments. No systematic differences exist between rich and poor countries, but there is considerable variation within each region. In the United States of America, women hold 12 per cent of the seats in the federal legislature; 38 developing countries can claim a higher share.

Sources: UNIFEM, 2002; UNDP, 2003

To a great extent, social and cultural contexts determine gender relations: patriarchal values instilled from childhood influence the attitudes of both men and women throughout their lives. Laws prejudicial to women's rights and claims often enshrine those values, and many current trends further feed the gap. These include globalization, skewed economic development, social problems (including poverty, insecurity, lack of access to basic assets, fragmentation, fundamentalism, violence, wars and HIV/AIDS) and environmental issues (such as environmental degradation, pollution, disasters and ecological change). All of these pose specific challenges for Governments and institutions, from better information-collection and awareness-raising to proactive policies and development efforts.

An evolving understanding of gender and development

Thinking on sex-specific social differentiation has shifted rather dramatically since the early 1960s. Then, the emphasis was mainly on women in development, which included supporting projects and policies that benefited women as a separate group. Critical analysts later concluded there was an urgent need to look more closely at the basic structures perpetuating inequality between women and men. After the 1985 United Nations Third World Conference on Women, the broader concept of gender began to emerge at international levels, gaining full recognition in 1995 at the United Nations Fourth World Conference on Women.

Apart from a merely technical and statistical angle, gender carries a strong element of politics and power. In moving the focus to the unequal status of women and men, gender and development analysis scrutinizes social, political and economic structures and development policies from the perspective of gender differentials. It is an approach that does not shrink from acknowledging that gender equality requires "transformative change" (Pietilä, 2002).

Several authors have warned that in this process women should not be seen as a single homogenous group. A slew of differences must be recognized, including social class and caste, race and education (Braidotti et al., 1994; Agarwal, 1998). Although the present publication focuses mainly on the position of women living in rural areas, box 9 illustrates that the position of urban women also needs specific attention. Moreover, the inequalities in consumption levels and the role of women in consumption should be underlined (see box 10).

And the need to address not only women but also men in terms of gender must be stressed over and over again.

Box 9: During urbanization, gender makes a difference

Urbanization processes are taking place at an unprecedented rate – almost half the world's population already lives in cities, and the numbers are on the rise. In Latin America, Europe and Central Asia, half the poor reside in cities, and by 2025, a third to a half of the poor in East and South Asia will dwell in cities and towns.

For people in those conditions, poverty is more than a lack of income and employment; it extends to squalid living conditions, risks to life and health from poor sanitation, polluted water, air pollution, crime, violence, insecurity (for example, slum razings), traffic accidents and natural disasters. A breakdown of traditional safety nets often takes place as well. And when people stream into the cities they lose their connection to the land. Many households develop survival strategies combining resources from the natural environment with income from work. A reliance on natural resources is particularly common where urbanization is not accompanied by equivalent levels of industrialization, as is increasingly the case.

Women manage this process, making use of whatever resources are available. In the absence of urban public planning, they provide water, fuel and other services to households and communities and take care of waste management. They also pursue various occupations for cash incomes, but this work is usually informal, unacknowledged, badly paid and carried out under harsh conditions.

Despite being the backbone of this form of subsistence economy, women's overall access to land and property is normally severely limited; patrilineal property inheritance traditions curtail their chances of having a secure place to live and earn. Women and men also have differing housing and infrastructure needs that often go unrecognized. For example, women frequently use their homes to generate income because of their gender-assigned role in the domestic sphere. And when privatization of public goods and services takes place, urban poor women and their families tend to be among the first to lose water and electricity, or be forced to pay unaffordable prices.

Gender analysis would go a long way towards better defining and protecting women's interests in urban settings, while women's participation in decision-making and governance structures also has to be reviewed. Institutional forms can help ensure the effective participation of women and a sufficient response to their interests. In terms of sustainable development, gender mainstreaming in local Agenda 21 processes, such as those promoted by the non-governmental organization REDEH (Network for Human Development) in São Paulo, Brazil, is of particularly great importance (see case D in chapter IV below).

A critical early step is affirming the essential role that women play in urban development and social organization. Important advocates of this message are organizations such as the international network Grassroots Organizations Operating Together in Sisterhood (GROOTS), which is dedicated to upgrading communities in urban and rural settings, and the Huairou Commission, which backs a gender perspective in habitat issues. Through its gender policy – Gendered Habitat: Working with Women and Men in Human Settlement Development (1996; updated 2001) – the United Nations Human Settlements Programme (UN-HABITAT) aims to integrate gender equality in habitat issues too.

Sources: Lee-Smith, 1994 and 1999; Ishani and Lamba, 2001; www.groots.org; www.huairou.org; www.unhabitat.org/genderpolicy

Box 10: Population, consumption and gender

Now topping 6.3 billion, the world's population will grow to an estimated 8.9 billion people by 2050, with nearly all the increase in developing countries. Although these numbers are lower than earlier projected – partly because of an increase in projected AIDS-related deaths – the almost 30 per cent expansion underscores the critical need for continued investment in reproductive health (which is also a human right). It is widely acknowledged that women's status – including their education, access to health care and services and job opportunities – is a key determinant of population growth rates.

More people are using more resources than ever before. But of similar importance to any discussion of this issue is how these resources are used. For example, if every person alive today consumed at the rate of an average person in the United States of America, three more planet Earths would be required.

Consumption is an inevitable part of our lives, or as the United Nations Development Programme (UNDP) 1998 *Human Development Report* defines it: "… consumption is a means to human development. Its significance lies in enlarging people's capabilities to live long and to live well. Consumption opens opportunities without which a person would be left in human poverty" (p. 38). Human consumption is dependent on the environment, and needs energy, water and many other natural resources and materials.

While consumption patterns in developed and developing countries differ significantly, there is an overlap in terms of the elite minority in developing countries and the growing numbers of the poor in industrialized countries. Globalization is also fuelling an explosion of consumption throughout the world. Yet 20 per cent of the highest-income countries account for 86 per cent of the total private consumption, while the poorest 20 per cent account only for 1.3 per cent. On one hand, overconsumption places increasing pressures on the environment; on the other, 1 billion people living in poverty have no survival options.

Women and men usually consume differently. In general, women first address the needs of their families, particularly their children, whereas men are more likely to spend resources for personal consumption. Women are the largest group of consumers or shoppers worldwide, making day-to-day purchasing choices. But as women are poorer than men in most societies, they often suffer heavily from a lack of basic necessities.

According to Hemmati (2000), there is evidence that women are more environmentally aware and engage more in environmental protection activities such as recycling, reuse and environmentally conscious shopping, but more empirical research is needed in this area. Other research should investigate the gender-differentiated impacts of the promotion of sustainable practices, such as labour-intensive organic agriculture and household recycling, and the prices of environmentally sound products, which might put additional demands on women's time and income.

Sources: MacDonald and Nierenberg, 2003; Hemmati, 2000; UNDP, 1998; UNFPA, 2003

A history of agreements on women's advancement

In the early twentieth century, women took the lead in bringing their perspectives into development, starting with the establishment of the League of Nations at the Paris Peace Conference in 1919. Since then they have participated in thousands of local and national actions, one of the most recent examples being the 2002 World Summit on Sustainable Development in Johannesburg, South Africa. Over the past 20 years alone, women have made a significant impact on the series of international agreements that currently serve as a touchstone for gender equality and global justice. Their impact nationally and locally has also been enormous. Many of their accomplishments fall within the broader context of sustainable development.

As Bella Abzug, the founder of WEDO, noted in 1995 following the United Nations Fourth World Conference on Women: "We did not get everything that we wanted. But it is the strongest statement of consensus on women's equality, empowerment and justice ever produced by the world's Governments. It's a vision of a transformational picture of what the world can be for women as well as men, for this and future generations" (WEDO, 1995).

Table 1 shows the main international steps in recognizing women's rights and linking gender, the environment and sustainable development. It affirms how many global commitments towards gender equality and women's rights exist; similar commitments have been made nationally and regionally. Given the pervasive reach of discrimination and disempowerment, however, there is an urgent need to work on implementation and to elevate women as real partners and beneficiaries in sustainable development.

Table 1: International affirmations of women's rights in environment and development

1945	The United Nations Charter reaffirms "the equal rights of women and men" in its preamble. Article 55 c states: "The United Nations shall promote universal respect for, and observance of, human rights and fundamental freedoms for all without distinction as to race, sex, language, or religion" (www.un.org/aboutun/charter).
1947	Establishment of the United Nations Commission on the Status of Women (www.un.org/womenwatch/daw/csw).
1948	Universal Declaration of Human Rights: "All human beings are born free and equal in dignity and rights" (www.un.org/Overview/rights.html).
1975	First United Nations World Conference on Women and associated NGO Forum in Mexico City; start of the United Nations Decade for Women: Equality, Development and Peace.
1979	The Convention on the Elimination of All Forms of Discrimination against Women (CEDAW) becomes the first international bill of women's rights. It obliges signatory Governments to take action to promote and protect the rights of women. All countries that have ratified CEDAW (171 as of March 2003) must report on specific measures they have taken to advance the status of women. The Optional Protocol to CEDAW, created in 1999, enables women victims of gender discrimination to submit complaints for review (www.un.org/womenwatch/daw/cedaw).
1985	The United Nations Third World Conference on Women and associated NGO Forum in Nairobi reviews and appraises the achievements of the United Nations Decade for Women. It produces the Nairobi Forward-looking Strategies, which recognize women's role in environmental conservation and management (www.un.org/womenwatch/confer/nfls.htm).
	At the Third World Conference, UNEP organizes a special event on women and the environment and nominates senior

Table 1: Continued

	women advisers on sustainable development. The Environment Liaison Centre International (ELCI) holds a series of workshops on women, environment and development at the NGO Forum.
1990	The World Conference on Education: Education for All takes place in Jomtien, Thailand and commits Governments to ensuring access to, and to improve the quality of, education for girls and women, and to remove every obstacle that hampers their active participation (www.unesco.org/education/efa/ed_for_all/background/world_conference_jomtien.shtml).
1991	The WorldWIDE (World Women in Environment and Development) Global Assembly on Women and the Environment: Partners in Life meets in Miami, Florida, United States of America and presents 218 success stories (www.womenenvironment.org/publ51.asp)..
	Organized by WEDO, the First Women's World Congress for a Healthy Planet, also in Miami, develops the Women's Action Agenda 21 (www.wedo.org/sus_dev/section1.htm and www.iisd.org/women/about3.htm).
	In Geneva, the secretariat for the United Nations Conference on Environment and Development holds the symposium Women and Children First: The Impact of Poverty and Environmental Degradation on Women and Children (Steady, 1993).
1992	The United Nations Conference on Environment and Development produces the Rio Declaration and Agenda 21, as well as the Convention on Biological Diversity, the United Nations Framework Convention for Climate Change and the United Nations Convention to Combat Desertification. The meeting recognizes women as a "major group" in sustainable development and makes specific provisions to advance their position. These include chapter 24 of Agenda 21, entitled "Global Action for Women towards Sustainable Development", along with 145 other references. Rio Principle 20 reads: "Women have a vital role in environmental management

Table 1: Continued

	and development. Their full participation is therefore essential in achieving sustainable development". At the NGO Forum that runs concurrently, the women's tent, Planeta Fêmea, attracts much attention (http://www.un.org/esa/sustdev/documents/UNCED_Docs.htm).
1993	The World Conference on Human Rights in Vienna clearly acknowledges that women's rights are human rights and that the human rights of women are an inalienable part of universal human rights (www.unhchr.ch/women).
1994	The International Conference on Population and Development in Cairo takes major steps forward on women's and girls' rights to control their lives and obtain equal status with men, including in the areas of reproduction and family planning. The Programme of Action affirms that women's empowerment, autonomy, equality and equity are important ends in themselves as well as essential for sustainable development. It also defines reproductive rights and applies principles to population policies and programmes. Calls on Governments to make sexual and reproductive health care available to all (women, men and adolescents) by 2015 (www.un.org/popin/icpd2.htm).
1995	The World Summit for Social Development in Copenhagen calls for the eradication of poverty and the promotion of social justice and women's rights (www.un.org/esa/socdev/wssd/index.html). The United Nations Fourth World Conference on Women in Beijing and the affiliated NGO Forum in Huairou provide an opportunity to consolidate decisions already made and bring them forward into the Beijing Platform for Action. It offers a road map for achieving gender equality in 12 key areas: poverty, education and training, health, violence, armed conflict, the economy, decision-making, institutional mechanisms, human rights, the media, the environment and the girl child (United Nations, 1996). Section K, on women and the environment, asserts that "women have an essential role to play in the development

Table 1: Continued

	of sustainable and ecologically sound consumption and production patterns and approaches to natural resource management" (paragraph 246; www.un.org/womenwatch/confer/beijing/reports).
2000	Beijing+5: Beijing and Beyond convenes in New York and recognizes several emerging critical issues for women and girls, including work-related rights, gender-based violence, reproductive and sexual rights, education and social security, and access to productive resources (DAW, 2001; www.un.org/womenwatch/confer/beijing5/).
	At the Millennium Summit in New York, all 189 United Nations Member States commit themselves to establishing a better, healthier and more just world by 2015. The Millennium Declaration promises "to promote gender equality and the empowerment of women as effective ways to combat poverty, hunger and disease and to stimulate development that is truly sustainable". The Declaration's eight Millennium Development Goals include Goal 1, eradicate extreme poverty and hunger; Goal 3, promote gender equality and empower women; and Goal 7, ensure environmental sustainability (www.un.org/millennium/).
	Security Council resolution 1325 (2000), on women, peace and security, recognizes the impact of war on women and recommends improving women's protection during conflicts as well as women's leadership in peace-building and reconstruction (http://www.un.org/Docs/scres/2000/sc2000.htm).
2001	The United Nations General Assembly special session on HIV/AIDS in New York adopts targets to promote girls' and women's empowerment as fundamental elements in the reduction of the vulnerability of women and girls to HIV/AIDS (www.unaids.org/Unaids/EN/events/un+special+session+on+hiv_aids.asp).
2002	The World Summit on Sustainable Development in Johannesburg issues the Johannesburg Declaration and Plan

Table 1: Continued

	of Action. It confirms the need for gender analysis, gender specific data and gender mainstreaming in all sustainable development efforts, and the recognition of women's land rights. The Declaration states: "We are committed to ensuring that women's empowerment, emancipation and gender equality are integrated in all the activities encompassed within Agenda 21, the Millennium Development Goals and the Plan of Implementation of the Summit" (WEDO, 2002; www.johannesburgsummit.org).
2003	The eleventh session of the United Nations Commission on Sustainable Development decides that "gender equality will be a cross-cutting issue in all forthcoming work up until 2015" (www.un.org/esa/sustdev/csd/csd11/CSD11.htm).

Sources: UNIFEM, 2002; UNDP, 2003; Hemmati and Seliger, 2001; Pietilä, 2002; WEDO, 2003

An analytical framework

Insights gleaned from looking at how the thinking on women, gender and development has evolved in turn help structure discussions of the relationship between women and the environment. Several critical determinants for a baseline analysis emerge: work; division of labour and responsibility; access to and control of resources, knowledge, status and power; culture and traditions; and political participation. These can be divided into capabilities such as work and knowledge, and opportunities, including access, control, status, participation and decision-making.

Work, as the active, labour-based interaction of human beings with the material world, is important (Menon, 1991) because it involves people putting their personal time and energy into the use and management of natural resources. Historically, this interaction has been intricately tied to the natural environments in which human populations survived. Women's work often still involves this kind of direct connection, for example through the collection of water and fuel; gathering plant and animal products and the management of agricultural, grazing and forest lands and also of fisheries. Any discussion of women and the environment must therefore account for the gendered division of labour and responsibility (Neefjes, 2000).

Knowledge systems are a second factor. The level of education is relevant, but so is traditional and conventional expertise. Many authors agree that women's knowledge about the environment is a highly valuable resource that has too often been cast aside. In particular, there is a need to recognize indigenous knowledge systems, which are often ignored by formal education systems. At the same time, because of their limited access to education women may be ignorant about less traditional environmental issues such as the safe use of agrochemicals, and how to deal with water pollution and waste disposal.

Access to and control over resources and their benefits is another critical issue. Since women have different rights (formal and traditional) over resources and decisions governing them than men do, a gender-differentiated approach is required to redress some of the inequities. A study on women's rights to land and water resources, for example, shows that accounting for gender, including in terms of ownership, helps to uphold these rights (NEDA, 1997) (see case A below).

Status, power and culture determine whether a person can realize her or his capabilities. A woman's position in the family and community, and her political participation, determine to a large extent her control over environment-related decisions such as harvesting and cropping methods, allocation of benefits including income, and conservation and environmental regeneration operations. It follows that this also influences the inclusion, or lack thereof, of women's visions, perceptions and priorities in decisions, processes and institutions (Neefjes, 2000).

Other socio-economic and cultural aspects affecting the interaction between women and the environment vary from location to location and

change over time. Yet in many cases, the links between the macrocontext and people's livelihoods are of paramount importance. The wider political economy (including economic trends, debt problems, trade regimes, public-private developments, the role of the state and conflicts) has a major impact. As Wichterich (2000) and others have shown, recent globalization trends have wrought rapid changes in global and local economies, societies and cultures, as well as in the environment and in gender positions in societies. Exclusionary practices by wealthier groups often prevent the poor from having access to basic services, including ecosystem services such as clean water, fuel and food products. Some people, including many women, have clearly suffered under the new

 Box 11: Capabilities and well-being

Many factors determine the relationship between people and their physical environment, and the differing ways in which women and men contribute to and benefit from ecosystem services. These include provisioning services (such as food, fuels and fresh water), regulatory/supporting services (including the purification of air and water, maintenance of biodiversity, and mitigation of droughts and floods) and cultural services (comprising spiritual and aesthetic values, science and education).

The Millennium Ecosystem Assessment process, launched in 2001 by United Nations Secretary-General Kofi Annan, is coordinated by UNEP and aims to produce scientific information concerning the consequences of ecosystem change for human well-being. The Millennium Ecosystem Assessment stresses that the overall goal of development should be to enhance the well-being of people. This requires a multidimensional approach covering the minimum necessities for a good life, the experience of freedom, personal security, good social relations, and the conditions for physical, social, psychological and spiritual fulfilment.

economic liberalization and privatization regimes (De Oliveira et al., 2003).

Any discussion on women's relationship to the environment should incorporate these different factors. It should also draw from a participatory appraisal involving the various stakeholder groups and explicitly including women and their organizations (Dankelman, 2003). In order to adopt policies and prompt institutions to take appropriate actions, it is useful too to distinguish women's practical needs, such as access to land and water, food security, health services and education, and their strategic needs, including political participation and decision-making.

To a large extent, women's capabilities determine their well-being and guarantee the necessary freedoms and related rights so that they can make their own choices and become agents of change (Sen, 1999). Capabilities can be seen as combinations of ways of doing and being from which people can choose the kind of life they value. The emphasis is not only on what has actually been accomplished, but also on the processes by which these ends are achieved.

This formulation explicitly captures the act of participating and doing for oneself, and under it, poverty is defined as a form of capability deprivation. Therefore, policies, including those on environment and sustainable development, need to create space that allows individuals to define their rights and institutions to protect and oversee the fair and equitable distribution of those rights for all members of society, women and men alike.

Sources: De Oliveira et al, 2003; www.millenniumassessment.org

Case A: In southern Africa, discrimination stands between women, land and water

By **Abby Taka Mgugu** *(Platform on Women's Land and Water Rights in southern Africa)*

In southern Africa, more than two thirds of women depend on land and other natural resources for their livelihoods. They are a critical support to the agriculture sector, producing 90 per cent of all food crops and providing 80 per cent of the labour.

Across the region, however, glaring inequalities between men and women prevail in relation to access to and ownership and control of land. Social, cultural, political and economic factors drive these forms of discrimination, which in some cases are perpetuated and deepened by racial inequities. A related issue is access to water, which is often linked to land rights.

Various policy frameworks in the various countries have attempted to correct land and water disparities. South Africa, for example, acknowledges that "apartheid policies pushed millions of black South Africans into overcrowded and impoverished reserves, homelands and townships". The Zambian draft land policy states that "past land policies by the colonial administration were oriented towards benefiting the white settler community at the expense of the indigenous people". The Zimbabwean national policy framework paper notes: "In a series of steps, the colonial regime established their own forms of tenure, expropriated the best quality of land for white commercial farmers and restricted the black African peasant farmer into marginal areas".

The policies also touch upon gender. The Zimbabwean paper points out that "further inequalities and inequities exist within the weak and fragile customary land rights. Considered in the shadow of colonial power structures and struggles, the real practices of customary law perverted their supposedly original content based on harmonious and fairly homogenous communities … both on gender and social lines and reproduced unequal and inequitable access and use of land, more particularly in relation to the female gender. Discriminatory ownership and inheritance rules biased against daughters and wives and widows were (and continue to be) the obvious manifestation of such inequities."

Tanzania's land policy in turn states: "Under customary law women generally have inferior land rights relative to men and their access to land is indirect and insecure". It mentions village councils that rely on custom to guide land allocation and continue to discriminate against women by assigning land to heads of household, who are usually men. South Africa's land policy, on the other hand, maintains that all forms of discrimination against women's access to land must be removed.

There is growing demand nationally and regionally for water as a result of population growth, increasing urbanization and industrialization, and of intensified land use by mining and agricultural development. The Southern Africa Development Community (SADC), which is emphasizing development with equity to alleviate poverty, has called for the implementation of measures to ensure sufficient quantities and quality of water. The issue of access, however, has been complicated by the lack so far of national and regional strategies for the equal sharing of water resources from the 15 major river basins in the SADC countries.

An essential step in addressing this issue should involve confronting gender inequalities in using and owning water as an economic, social and cultural resource – the role of women and the importance of water to their livelihoods cannot be overemphasized. Various regional and international conferences on integrated water resource management have already clearly spelled out women's essential contributions to the provision, management and safeguarding of water (see chapter V below).

Yet women remain marginalized in water management, and this marginalization will only hinder effective national and regional strategies and block development goals. The same is true in terms of access to land. The question therefore is whether nations and the region can strike a consensus on the integration of gender into the land and water resource management discourse at all levels, something consistent with the Convention on the Elimination of All Forms of Discrimination against Women (CEDAW), which all SADC member States have signed, ratified and/or acceded to. The Beijing Platform for Action also emphasizes the need for women to access, own and control natural resources – land in particular – as a way of alleviating poverty among women.

Closer to home, 12 of the 14 SADC countries have signed the 1997 SADC Declaration on Gender and Development, which states in its item B i that gender equality is a fundamental human right. Under item H iii, the Heads of State commit themselves "to promoting women's full access to, and control over productive resources … in order to reduce the levels of poverty among women". The challenge now is to implement those commitments.

III. Women and biodiversity: the core of existence

"Biodiversity to me is made up of the things and conditions that maintain the balance that we have lived with for centuries. It includes the animals, plants, rocks, rivers and spirits. The diversity of lifestyles and patterns of land use make biodiversity a vibrant and living thing for us."

Malvila Vanninayakae from Sri Lanka (UNEP/IT, 1999)

The present chapter delves into the relationship that women have with biodiversity, highlighting its contributions to women's survival, well-being and empowerment; the ways women make use of it; their knowledge, perspectives and visions; and their roles in conservation and management. The chapter concludes by touching upon some entry points for policies.

Box 12: What is biodiversity?

Biodiversity may be the basis of human well-being but human habits threaten to deplete it. Its definition is broad, spanning diversity between ecosystems and species, and also within species (genetic diversity). Agrobiodiversity encompasses all components of biological diversity of relevance to food, agriculture and the sustainability of agro-ecosystems.

According to the UNEP Global Environment Outlook, the Earth supports almost 100 different types of ecosystem. Among these, the richest arrays of species are found in coral reefs and tropical forests, which cover less than 10 per cent of the Earth's surface. Worldwide, there are an estimated 4 million species, of which some 1.75 million have been described. But the total of the Earth's diversity has not yet been fully recorded.

Box 12: Continued

These living organisms contribute to a wide variety of environmental services, including regulation of the hydrological cycle and climate, protection of coastal zones, generation and conservation of fertile soils, pollination and breakdown of wastes. Species diversity buffers ecosystems against the effects of human change, with biodiversity ensuring local and global food security, providing the genetic basis for most food crops and increasing genetic resistance, obtained from wild varieties, to diseases.

Human health also depends directly on biodiversity, given that some 75 per cent of the world's population relies for their health care on traditional medicines derived directly from natural resources. Traditional medicine systems, such as Ayurveda in India, are based on pure plant extracts. Biodiversity is particularly crucial for people living in poverty, who directly depend on its services for their survival and livelihoods. Many people, including those in indigenous communities, also draw cultural and spiritual values from it.

Unfortunately, the loss of biodiversity is accelerating at an unprecedented rate. According to the World Conservation Union's 2002 Red List of Threatened Species, over 11,167 species face extinction. The most important drivers of biodiversity loss are unsustainable production and consumption, inequities in distribution of wealth and resources, demographic developments, international conflict, and international trade and agricultural policies. These result in land conversion, climate change, pollution, atmospheric nitrogen deposition and unsustainable harvesting of natural resources. As ecosystems falter, threats to food and water security, health care and economies grow.

To begin to understand these problems and frame alternatives to address them, the millennium ecosystem assessment, a major international collaborative effort, is working on mapping the health of the planet. It seeks to provide an integrated assessment of the consequences of ecosystem change for human well-being and to analyse policy options.

Source: UNEP, 2002; UNDP et al., 2000; www.millenniumassessment.org

Valuing and using biodiversity

"Biodiversity is the very core of our existence within our communities. You cannot say how many dollars this is worth because it is our culture and our survival. In this context biodiversity is invaluable … We value our surroundings as our identity, as who we are and our inheritance that is given to us … Our environment is many things, a classroom, a pharmacy, and a supermarket."

Ruth Lilongula, Solomon Islands (UNEP/IT, 1999, p.162)

For many women, biodiversity is the cornerstone of their work, their belief systems and their basic survival. Apart from the ecological services that biodiversity provides, there is the collection and use of natural resources. For indigenous and local communities in particular, direct links with the land are fundamental, and obligations to maintain these form the core of individual and group identity.

These relationships extend far back into human history, when division of responsibilities by gender began. Scientists have discovered that already in the early Stone Age (15,000-9,000 B.C.), women's roles and tasks in hunter-gatherer communities were explicitly linked to biodiversity, with the natural environment in essence determining their status and well-being. For example, Owen (1998) describes women collecting and conserving edible plants that contributed 50 to 70 per cent of dietary requirements.

Today, women continue to gather firewood and other bush products for food, medicine, paint and house-building. Wild food enhances food security in many communities during unfavourable situations such as famine, conflicts, and epidemics (Kenyatta and Henderson, 2001). Poor women and children especially may collect grasshoppers, larvae, eggs and birds' nests, with older women frequently delegating their responsibilities to the younger women in the household (Van Est, 1997). In Burkina Faso, for example, rural women depend on the fruits, leaves and roots of native plants such as the baobab (Adansonia digitata), red (or Jamaican) sorrel leaves (Hibiscus sabdarifa), kapok leaves (Ceiba pentandra) and tigernut tubers (Cyperus esculentus L.) to feed their families, supplementing agricultural grains such as millet and sorghum. Over 800 species of edible wild plants have been catalogued across the Sahel alone (Easton and Ronald, 2000).

Women also take charge of many agricultural activities. After men have cleared the land, women sow, weed, hoe and bind the stalks. On their own plots, they manage home gardens, growing a wide variety of vegetables, relishes and condiments. Research on 60 home gardens in Thailand, for example, revealed 230 different species, many of which had been rescued from a neighbouring forest before it was cleared (www.fao.org/FOCUS/E/Women/Biodiv-e.htm). In many regions, up to 90 per cent of the planting material of the poorest farming communities may be derived from the seeds and germ plasm that the communities produce, select and save themselves.

Women farmers have in fact been largely responsible for the improvement and adaptation of many plant varieties. In the Kalasin region of northern Thailand, women manage the interface between wild and domesticated species of edible plants. They have not only brought new species of wild plants under cultivation in recent years, they have also spurred their communities to carefully regulate collection rights in the face of increasing commercialization (Easton and Ronald, 2000). Through the multivariate process of seed selection, they choose certain desirable plant characteristics and decide on the quantity and variety to be saved as well as the method of preservation. The moment that the crops begin to flower, women begin observing the plants, and later harvest seeds based on their size, grain formation and resistance to pests and insects.

 Box 13: Guatemalan women conserve the genetic resources of maize

Huehuetenango Department in Guatemala is considered to be the place where maize first grew and it is still a primary dietary staple there today. In 1993, the United Nations Food and Agriculture Organization carried out a study in 31 municipalities across the Department, discovering that women are key to the conservation of the crop's genetic resources.

Women determine the seed-selection process, separating what is to be sown and what is used as food, and are in charge of shelling the grain from the cobs selected for seed for the following crop cycle. This manual harvest technique serves as a form of artificial selection which allows them to maintain the characteristics of local varieties as well as giving them the opportunity to recognize and propagate attractive mutations or new hybrids.

A combination of social, cultural and environmental factors, however, is now eroding the central role of women as resource decision makers. The result could be an erosion of genetic diversity, and a threat to food security.

Source: FAO and IPGRI, 2002

Around the world, women usually oversee small household livestock and sometimes even cattle, including choosing and breeding for preferred traits based on local conditions, such as available feeds and resistance to disease. In south-east Mexico, women keep as many as nine breeds of local hens, as well as local breeds of turkey, ducks and broilers in their solares (back gardens). In selecting the best breeds, they consider 11 separate characteristics and can easily distinguish the breeds and species based on each of these (Anderson et al., 1999). Also, diversity of livestock and cattle is often linked to diversity of vegetation.

Another women's task tied closely to biodiversity is the collection of medicinal plants, which may be used for curing ailments while also serving as fodder and fuel or even as manure and pesticide. Women often gather medicinal plants along road banks and fences because so many have access to only the most marginal land. Yet their knowledge is immense, because community well-being depends on it, and preservation of this knowledge is crucial for maintaining biodiversity. On study walks in the Kanak valley of the province of Baluchistan in Pakistan, village women identified 35 medicinal plants that they commonly use. In an interview, Rehmat Khatoon, an older village woman, referred to wild medicinal plants in the following terms: "They grow up with no masters". All her friends laughed because what she was really saying was that wild medicinal plants have no husbands to boss them around or to control them (FAO, 1997).

Plant and animal products often end up in artefacts, clothing, housing and utensils. For example, women of the Yakutat people in the Pacific North-West of North America were famous for the beauty and utility of their basketry, used as drinking cups, baskets, travelling trunks, mats, floor coverings and hats. The baskets also had a strong spiritual meaning, serving as a bridge between the maker and her past, present and future, as well as to her family and community (Walker, 1999).

This link between the physical and metaphysical is common in many cultures. In parts of India, traditional practices specifically emphasize the close ties between biodiversity conservation and spirituality. Auspicious days are chosen to start preparing the fields, sowing the seeds or harvesting. When heads of grain arrive at the threshing yard, women welcome the first cartload with a puja, or ceremonial offering. As the seeds are carried away for storage, women invoke the forces essential for a good crop in the next growing season. And before the seeds are sown, the women take them to the local deity and worship them. They make seed offerings to the village goddesses, which are later collected by the poor. Women also worship the draft animals and the farming implements that will be used for sowing. Interestingly, these procedures are followed only for traditional seeds, not for new high-yielding varieties (Ramprasad, 1999; Shiva, 1993).

A source of expertise

"Maori must always earn access to knowledge. If you ask and you are not worthy you will get no reply. Only when you have demonstrated your wisdom and your skills will you be taken to one side and the knowledge will be passed on to you. Knowledge, like the korowai [a Maori cloak with a hand-woven border], is sacred."

Nancy Waretini, New Zealand

Both men and women acquire traditional environmental knowledge, which stems from generations living in close contact with nature (see also case B below). It is generally socially differentiated, however, according to gender, age, occupation, socio-economic status and religion. Gender-related differences in terms of labour, property rights and decision-making processes and perceptions also shape knowledge systems, so men and women end up with varying forms of expertise. Men may know a great deal about trees used for timber, for example, while women are authorities on those providing fruits, medicines and fodder.

As is clear from the previous pages, women's understanding of local biodiversity tends to be broad, containing many unique insights into local species and ecosystems gained from centuries of practical experience. A study in Sierra Leone found, for example, that women could name 31 uses of trees on fallow land and in forests while men could name only eight (Domoto, 1994). In a sample participatory study, women hill farmers in Dehra Dun, India provided the researchers with no less than 145 species of forest plants that they knew and used (Shiva and Dankelman, 1992).

Highly sophisticated and dynamic, this kind of knowledge is traditionally shared between generations. It encompasses information about locations, movements and other factors, explaining spatial patterns and timings of ecosystems. As women farmers and resource users constantly experiment with plants and animals in order to improve their quality, they adapt their knowledge to multiple uses. Home gardens become small laboratories where women try out diverse wild plants and indigenous species. Experience and innovation result in sustainable practices to protect the soil, water and natural vegetation, such as natural pest controls as an alternative to agricultural chemicals.

In Kenya, researchers have found that men's traditional knowledge is actually declining as a result of formal schooling and emigration while women retain not only a refined and widely shared level of general knowledge about wild foods, crafts and medicinal plants, but are also acquiring new – men's – knowledge about natural resources, as roles and duties change (Rocheleau, 1995).

Box 14: A gender-specific plan for the Amazon

In Jaú National Park, located in the north-eastern zone of Amazonia, the Fundação Vitória Amazônica has developed a participatory environmental management plan with a gender-specific angle. A socio-environmental survey first investigated women's and men's understanding of conservation issues. During a mapping process, it soon became evident that women were better informed about how their families were using land in different locations, where the resources were and how they were obtained. Men managed commercialization and financial issues. The project revealed that conserving natural resources in protected areas depends upon the active involvement of the residents and the promotion of gender equity (IUCN, 2003).

From neglect to exploitation

Despite its value, researchers often fail to study local women's knowledge, automatically regarding it as insignificant. A researcher collecting germ plasm in Southern Sudan, for example, learned only by accident about the local plant-breeding activities of women: "We came to a village, and after some discussion with the people, we thought we had been granted permission to take some heads of sorghum. But on picking these, a woman came shouting furiously after us." It turned out the woman was responsible for the seeds, and it was strictly forbidden to remove them before she had made her selection (Berg, 1994, p. 75; in Zweifel, 1999).

At the opposite extreme, some of the current official development approaches and intellectual property regimes actually threaten to turn women's local knowledge against them. There is a real danger that indigenous knowledge will be extracted, patented and sold for the benefit of industry and research institutions, undermining women's autonomy and their access to and control over vital resources. Many groups, such as Diverse Women for Diversity, warn against such biopiracy, a danger made even more acute by the fact that current patent systems are effectively inaccessible to indigenous peoples.

Other forces eroding women's knowledge and status are the large-scale modernization of agriculture and the destruction of biodiversity, through large-scale logging or other major projects, for example, and biotechnology (Shiva, 1993). All these factors enhance the cycle of exploitation, commercialization, biodiversity deprivation and poverty; breaking it will require new knowledge built on traditional knowledge systems, such as those related to sustainable agriculture.

Many non-governmental organizations have expressed particular concerns over the ongoing impact of current agriculture and trade policies, trade-related intellectual property rights (TRIPS) agreements and intellectual property rights in general on the conservation and sustainable use of biological resources, and on the equitable sharing of benefits. For its part, the World Parks Congress, held in Durban in September 2003, stressed the need to address the growing problem of coercive conservation measures, which tend to suck away local access to environmental resources. It proposed seeking alternatives that enhance conservation benefits beyond boundaries.

With clear calls for equity and social justice in conservation efforts now echoing around the world, the Towards Equity Series from the World Conservation Union (IUCN) can be a valuable guide and resource (see case K below).

Entry points for policies and development

There are several possibilities for enhancing women's position in biodiversity conservation, including through policy-making, research, programmes and projects, and women's organizations and networks. Apart from national initiatives, international policy frameworks also offer specific entry points.

In terms of policies, one of the objectives of Agenda 21 (UNCED, 1992) is the recognition and promotion of "the traditional methods and the knowledge of indigenous people and their communities, emphasizing the particular role of women, relevant to the conservation of biological diversity".

In its preamble, the Convention on Biological Diversity (1992) recognizes "the vital role that women play in the conservation and sustainable use of biological diversity" and affirms "the need for the full participation of women at all levels of policymaking and implementation for biological diversity conservation". In its article 1, the Convention has as its objective the "… fair and equitable sharing of benefits arising out of the utilization of genetic resources, including by access to genetic resources …". (See also the Bonn Guidelines on Access to Genetic Resources and Fair and Equitable Sharing Arising out of their Utilization, adopted at the sixth Conference of the Parties, in 2002 (decision VI/24).)

The Convention itself focuses on an array of measures for conservation, sustainable use and benefit-sharing. Although women's organizations have been advocating a gender perspective at most of the Convention's recent meetings of the Conference of the Parties, it has not yet been fully mainstreamed in implementation. In fact, neither the decisions of the Conference of the Parties nor the recommendations of the Subsidiary Body on Scientific, Technical and Technological Advice have taken much account of gender's significance. The German Technical Cooperation BIODIV project, among other initiatives, seeks to promote greater attention to gender in achieving the Convention's objectives.

In a speech to the Intergovernmental Committee for the Cartagena Protocol on Biosafety, a subsidiary body of the Conference of the Parties, meeting in The Hague in 2002, Sandra Lee, Conservation Minister of New Zealand, emphasized: "We also need to give greater recognition to the role of women in conservation. Women have a vital role to play in affecting community choices, as key decision makers, as important players in economic and political processes in some societies, and through their influence on the next generation. We need to recognize this, and take concrete steps to build their capacity, by addressing issues of empowerment for women in all societies and by providing them with access to information and tools for good biodiversity management."

Another global policy tool is Strategic Objective K.1 of the 1995 Beijing Platform for Action, in which Governments agree to "Encourage, subject to national legislation and consistent with the Convention on Biological Diversity, the effective protection and use of the knowledge, innovations and practices of women of indigenous and local communities, including practices relating to traditional medicines, biodiversity and indigenous technologies, and endeavour to ensure that these are respected, maintained, promoted and preserved in an ecologically sustainable manner, and promote their wider application with the approval and involvement of the holders of such knowledge; in addition, safeguard the existing intellectual property rights of these women as protected under national and international law; work actively, where necessary, to find additional ways and means for the effective protection and use of such knowledge, innovations and practices, subject to national legislation and consistent with the Convention on Biological Diversity and relevant international law, and encourage fair and equitable sharing of benefits arising from the utilization of such knowledge, innovation and practices" (paragraph 253 (c)).

Also, the Plan of Implementation of the World Summit on Sustainable Development calls for the enhancement of women's participation in all ways and at all levels relating to sustainable agriculture and food security (paragraph 40 (f)). It says also: "Encourage and enable all stakeholders to contribute to the implementation of the objectives of the Convention and, in particular, recognize the specific role of youth, women and indigenous and local communities in conserving and using biodiversity in a sustainable way" (paragraph 44 (k)).

Further, on an ongoing basis the United Nations Forum on Forests is an intergovernmental policy forum to promote the management, conservation and sustainable development of all types of forests, and to strengthen political commitment towards that end. It has recognized women as one of several major groups partaking in a multistakeholder dialogue. The Uganda Women Tree Planting Movement and the Green Earth Organization of Ghana facilitate the affiliated women's caucus.

With regard to projects and programmes, several initiatives around the world aim to enhance women's position in biodiversity conservation and management. Examples include the action, research and outreach programme Green Health, set up by the University of the Philippines at Los Baños Institute of Biological Sciences. It has worked among women and men in the communities of Surigao del Norte on the north-eastern tip of Mindanao, teaching women the use of herbal plants to treat simple ailments. The women have learned not only which plants can cure which ailments, but also how to make herbal medicine to bring in additional income.

Another case is the Greater Quehueche Plan Ecotourism Project, promoted by the Ak'Tenamit Association at Rio Dulce in Guatemala. Although tourism does not automatically benefit local women, and in many cases steals their control over their resources, this project sets out to offer women alternative livelihoods. The president is 25-year-old Candelaria Coc Maas, an Indian woman descendant of the Mayan Q'eqchí ethnic group. She comments, "Before [the project], women had little say about anything, but now increasing attention is paid to our views and opinions". The project follows a gender equity process, with

responsibilities and benefits equally distributed between women and men, and 100 per cent of the project-related income goes to the community (IUCN, 2003).

Concerted research can go a long way towards further exploration of women's contributions to biodiversity, chronicling its extensive impact on their lives. Under its Sustainable Use of Biodiversity Programme, the International Development Research Centre has devised Gender and Biodiversity Research Guidelines based on the rationale that research concerned with the equitable and sustainable use of biodiversity must address the inequities between women and men associated with access to resources and knowledge (IDRC, 1998).

In a recent publication, Women and Plants, Patricia L. Howard (2003) and 16 other experts explore gender relations in biodiversity management and conservation, looking at the domestic arena, plant conservation, women's rights, gendered plant knowledge in science and society, women's status and welfare, and the effects of biodiversity loss. Another example is a Peruvian-German cooperation project being carried out among four village communities in the provinces of Ayacucho in the Andes and San Martín in the rain forest. It takes a hands-on approach by collecting information about biodiversity, its conservation, food security, the community's vision of the cosmos, and role distribution and gender relations.

Through interviews with men and women from different age groups, the Centro de la Mujer Peruana Flora Tristán intends to garner insights into how knowledge about biodiversity is distributed among different groups. Participative workshops have discussed some of the research. The project also aims to sensitize policy-makers to gender issues and to influence the Peruvian Strategy for Biological Diversity (BIODIV, GTZ, 2000).

Box 15: Workshops mobilize women on poverty and biodiversity

In 2003, recognizing women's essential contributions to fighting poverty, the UNEP Division of Policy Development and Law and its Regional Office for Africa supported two workshops for West African and Central African women on "The Crucial Role of Women in Managing Biodiversity as a Means of Poverty Reduction". The events formed part of a series of regional workshops on poverty reduction, the outcomes of which will feed into the overall UNEP strategy on poverty and the environment.

The first two workshops were held in Abidjan, Côte d'Ivoire, and N'Djamena, Chad, in June and July. More than 150 women participated from all walks of life, including representatives from local communities, trade unions, and civil society, especially national and regional women's organizations and cooperatives and also women's and indigenous peoples' advocacy groups. Policy-makers from the national, local and community levels along with representatives from intergovernmental organizations also attended.

Both workshops discussed the central role, especially of rural women, in developing countries and looked at how those groups are key to the future of the Earth's food and livelihood security; the management of livestock; and the conservation and sustainable use of plant and animal diversity. They noted that despite numerous policies and legal agreements recognizing women's contributions, the relationship between women and agrobiological diversity has not yet been clarified by environmental technicians, experts, policy-makers and planners.

One important outcome was the creation of subregional networks of women on poverty and environment in West and Central Africa. Equally significant was that the relevant Ministers attended, ensuring that issues related to women and the environment will rise on national agendas. Both workshops also attracted wide media coverage, achieving a broader level of public outreach.

Source: UNEP DPDL, written communication

"In our area, people were eating turtles. Now I know the importance of conserving turtles. If we eat all of them there will be no species of turtles ... I've educated the whole community by telling them it is not good to eat turtles."

Swabra Aboud, a 16-year–old girl living in Kiunga Marine Reserve, northern Kenya (MacDonald & Nierenberg, 2003)

Women worldwide are also organizing to make their voices heard and to promote biodiversity conservation and sustainable management at local, regional and international levels. Before the fifth meeting of the Conference of the Parties to the Convention on Biological Diversity, held in Nairobi in May 2000, a workshop on indigenous women and biodiversity noted: "We live in a world where women's voices are often marginalized. This is especially true with respect to indigenous women's knowledge about the conservation and sustainable use of biodiversity. We advise the Conference of the parties to ensure the full, active and equal participation of women, specifically from indigenous and local communities, within all elements in its programme of work."

In 1998, to bring women's perspectives more consistently into both local and global forums discussing biodiversity, the international network Diverse Women for Diversity was launched. It strives to mobilize a global campaign of women on biological diversity, cultural diversity and food security, and speaks out about globalization, genetic engineering and patenting of life forms.

An older and now widely known national case is the Chipko movement in India, made up primarily of village women who stopped commercial logging in the 1970s by embracing trees in their community forests. Chipko led to a re-evaluation of the country's forest policy and a ban by the Supreme Court of India on green felling in the Himalayas (see case C below). The Save Our Seeds Movement, or Beej Bachao Andolan, subsequently sprang up among local farmers in the central Himalayan region of Garhwal (Uttaranchal). It has preserved in situ a rich variety of traditional seeds, ensuring food security and the well-being of both the people and the land. The Mahila Samakhya, an umbrella organization of women, works on these and other development issues through women's welfare groups in about 250 villages.

Conclusion

This chapter has portrayed how biodiversity is essential for securing livelihoods and reducing poverty, and how gender can determine people's roles in the use, conservation and management of biodiversity. Rural women in particular have an intense interaction with natural resources, given their heavy involvement in collecting and producing food, fuel, medicinal remedies and necessary raw materials.

With knowledge passed down through many generations, women frequently acquire a profound understanding of their environment and of biodiversity in particular, yet their contributions to conservation go unrecognized. Biodiversity loss and biopiracy now endanger their knowledge and resources, including through the erosion of their diverse resource base. Lack of ownership and control over land and resources (see case A above) along with limited access to education and services, impose major constraints.

While the Convention on Biological Diversity mentions women's roles, its implementation requires a greater focus on gender. Fortunately, there are already many inspiring examples of integrating a gender perspective into biodiversity conservation, and research is starting to gain steam. More needs to be done to achieve the full and active participation of women in decision-making, assure their access to services (including education) and resources, and open the door to equal sharing of benefits. An essential first step is better collection of gender-specific information and data, while awareness on the potential wealth of women's contributions should be raised in all forums and institutions dealing with biodiversity. Above all, conservation efforts need to draw from the principles of social justice, equity and equality.

Case B: For indigenous peoples, conservation begins with cultural values

By **Leonor Zalabata Torres** *(Arhuaco people, Sierra Nevada de Santa María, Colombia)*

"To the extent that we are losing our own cultural values, we lose indigenous women's values. To recover our cultural values is to recover women's values."

As indigenous women, our relationship with biodiversity in our territories is one where everyday activities manifest as cultural practices. These practices form our peoples' identity while protecting and maintaining our natural resources. They are closely linked to the upbringing of our children and to our agricultural work, and they are a decisive factor in sustaining human life in our own spaces, in harmony with our traditional knowledge. They carry on our culture and the Earth itself, guaranteeing the continued existence of indigenous peoples in the world.

Nowadays, technology has demolished many ecological borders, divided the components of living beings into particles and is attempting to regulate all these components. But the indigenous view is different: it is an insight into the interconnection of all components, seeing the interrelations between them, their surroundings and their uses. Encapsulating the unity of all beings, it emphasizes fundamental values that are of the utmost importance for the sustainability of all beings, humankind and the natural world.

One of the main threats to balancing biodiversity according to our traditional knowledge are programmes planned and imposed from outside, including conservation projects, as these do not take into account our indigenous values and views. Indigenous peoples in the Sierra Nevada de Santa María in northern Colombia, for example, have watched many institutions make big investments here. But they have not achieved their goals because they have interests different from the respectful conservation of nature, and they have not used the right methods. To succeed, such activities have to be guided according to our own institutions, and should also seek to promote the well-being and sustainability of indigenous populations. This requires that we all unite our efforts, and establish a common language, common principles and unified activities within a common spirit to achieve the common conservation goal.

For our peoples, the different social, cultural and political roles are integrated into dynamics that are much more in harmony with human needs. "Being a woman" and "being a man", for instance, both have their own place in our traditions, forming integral parts of the whole. Yet men and women are also the same, with equal respect paid to the different tasks involved in caring for biodiversity and people.

When a girl is born, in our culture we say that the mountain laughs and the birds cry, because her future activities include maintaining the forest and are not connected with logging in order to sow (so her work will not feed the birds). In the case of a boy, the opposite is said, that the mountain sheds tears and the birds laugh, because men will partially log to cultivate when needed and, at the same time, the food they grow will also feed the birds. These metaphors reflect the difference in functions, but not as a kind of superiority or inferiority.

Imbalances only come with the loss of cultural values. When the outside system penetrates, vices and contradictions bloom in indigenous communities and peoples. To preserve biodiversity, it is essential to preserve our way of sharing our knowledge.

Case C: Facing a new threat to a forest, Chipko returns

By **Biju Negi** *(Beej Bachao Andolan (Save our Seeds), India)*

The forest of Advani in Tehri Garhwal (Uttarranchal, India) is roughly midway between Tehri, site of the controversial Tehri Dam, and Rishikesh, where the Ganges river spills from the Garhwal Himalayan mountains onto the plains. The forest was one of the hotbeds of the Chipko Movement in the early 1970s, which prompted a review of the country's existing forest policy and a ban on green felling in the Himalayan region. Bachchni Devi, then in her thirties, was one of the many women from the villages around Advani who kept constant vigil in the forest, standing guard over trees, facing the axes of the forest contractors with a quiet, unwavering Gandhian determination, until the latter gave in and retraced their steps.

Today, Bachchni Devi is well past 60 but her determination still shines through her eyes. And so when the forest was threatened again three years ago, she was among the first to rally the women and men of her village to set up a human ring of protection around the trees. The new demons, it turned out, rose from the Tehri dam.

The dam is still many years from completion, but already forests are being marked and at places even cleared along the proposed route for the electricity transmission lines from Tehri to Meerut, near Delhi, about 400 kilometres away. In a swift, suspect move, the Power Grid Corporation of India, which is responsible for this transmission, hired contractors to clear 80-metre-wide stretches of forest in discontinuous patches. The people in the nearby villages could not recall a survey being carried out to decide this route. They suspected it had been determined in collusion with the forest contractors, because it passed through the most lushly forested areas.

In August 2001, on the Hindu festival day of Rakhi, when sisters tie sacred threads on the wrists of their brothers, over 100 old and young women and men, led by Bachchni Devi, marched under a steady monsoon rain to the forest of Advani. They all tied rakhis (sacred threads) on the trees in the forest and resolved to prevent them from being cut. The gathering warned the Government that if a resurvey was not conducted, It would face Chipko once again. Speaking to the crowd, Bachchni Devi said: "We did not protect these trees so many years ago, only to see them cut now!"

IV. Women and desertification: a dynamic relationship

Women serve on the front lines of dryland management. Drylands are hugely important areas of biodiversity, and home to 2.3 billion people worldwide, both rural and urban dwellers. At the same time, drylands are among the most risk-prone ecosystems. This section will investigate the complex interaction between local communities – and women in particular – and desertification, and also anti-desertification initiatives.

Box 16: What is desertification?

Deserts expand through the degradation of land in arid, semi-arid and dry sub-humid areas. A worldwide phenomenon that threatens many ecosystems, desertification affects about two thirds of countries, including in Asia and around the Mediterranean. At risk are the health and livelihoods of over 1 billion people, about one fifth of the world's population.

There are meteorological, ecological and human dimensions to desertification, and climatic changes are both a consequence and a cause. In many cases, traditional and durable rain-fed agricultural methods and ancestral pastoral practices are fading away. What results is overgrazing, deforestation and land clearance, poor irrigation practices and overcropping.

The impacts are enormous, generating waves of migrants, the disappearance of dryland biodiversity and the decline of fertile agricultural lands. Dryland socio-ecological systems are dynamic, functioning in different but highly interlinked patterns. Understanding land degradation and restoring areas suffering from it calls for an integrated approach to conservation, one that simultaneously considers both biophysical and socio-economic issues.

Sources: Koohafkan, 1996; EarthAction, 2001; Reynolds, et al., 2003

Strong socio-ecological links

The connection between biodiversity and communities is tighter and closer for drylands than in almost any other ecosystem. For communities living in these regions, natural resource management is the most important factor in livelihood security and they learn to strike a delicate balance in what can be a fragile environment. Understanding this along with other socio-ecological dynamics will help enhance prospects for people's survival and the management of natural resources.

Traditional knowledge systems and institutions are particularly vital to dryland natural resource management because they have proven their reliability over time. For example, communities often have established, flexible land-use practices, with seasonal or temporal access rights and corridors of movement. But even though those systems are effective many are now being undermined. It is important to investigate how traditional knowledge is bowing to fast-changing pressures, and to understand its value under current conditions (Barrow, 2003).

While equity and power issues loom large for most dryland areas, they are not well understood. Livestock-sharing groups, for instance, may be seen as very gender insensitive as only men speak at meetings while women sit and listen. Yet there can be many other ways by which men and women discuss, argue and make informed decisions. Women in drylands generally play important roles in preserving their land for food, fuel (cooking, heating and lighting) and shelter. In many of the dry agricultural areas of the world, including much of Africa, women traditionally devote much of their time and effort to the land. They grow, process, manage and market food and other natural resources. They may have gardens, work in the fields, raise small animals, collect feed for animals, process tree products for sale and collect fuel and water. Many invest great vigour and energy into ensuring the day-to-day survival of their families and communities.

Despite all those efforts, women living in drylands also tend to rank among the poorest of the poor, with little power to bring about real change. They are often excluded from participation in land conservation and development projects, from agricultural extension work and from policies that directly affect their livelihoods. Ownership and decision-making over livestock is normally in the male domain, and even in female-headed households there is still an element of male decision-making in the form of extended family members.

Given women's many important contributions, combating dryland degradation clearly requires a more concerted effort to ensure their full participation.

Increasing workloads and responsibilities

Land degradation affects men and women differently given their differing productive roles. While stress and hardship rise for everyone as the resources closest to a community begin to disappear, women usually end up travelling longer distances to compensate, often under harsh and unsafe conditions. Their workload grows as they struggle to collect food and fuel (FAO, 1993). Erosion and diminished soil fertility cut into agricultural production and additional sources of income. And if a family can no longer survive using its traditional production strategies, young people in rural areas, especially men, embark on seasonal or permanent migration. This puts a sharp strain on those left behind – very often the women – as labour increases but results in less output because of the declining carrying capacity of the soil. Women also take over roles traditionally handled by men (FAO, 1993).

In pastoral societies, when cattle die, men migrate to new pastures or shift to a different location where they pursue other activities. Women and children may also leave the community, but generally as a group to hunt famine foods, as well as pods and other tree products for tanning or as medicines to sell in distant markets. With men gone, if villages are raided, women and children may even be raped or killed. Other scenarios that result from the loss of livestock involve men turning to idling, gambling and drinking cheap brew, leaving women as the sole breadwinners (Njoroge, 1999).

Knowledge for survival

As is true in other environments, women in dryland areas are the primary custodians of indigenous knowledge systems. They have acquired extensive understanding of their natural environment, of its flora, fauna and ecological processes. They know the best trees for fuel, which plants have medicinal uses, where to find water in the dry season and the conditions for growing local crops. The coordinator of the United Nations Volunteers in Kenya noted: "When we go to the field, especially in the semi-arid parts, we find that women are the invisible managers and practitioners in combating desertification" (UWTPM, 2003).

Women take this knowledge and develop survival strategies. For example, in Yazd, the "desert capital" of the Islamic Republic of Iran, they have devised a number of highly sophisticated technologies for agricultural production, such as food production in tunnels constructed underground (www.undp.org/seed/unso/women).

A lack of land

Despite their skills, women's autonomous access to natural resources is often extremely limited as traditional rules restrict their property rights over land, soil, trees and water. When such resources become scarce, as is the case with desertification, time-honoured customs such as gleaning by poor people, women in particular, are no longer permitted. The decline in available resources may also result in the male head of household selling his land, which strips the family of an essential safety net.

Although this is a common scenario, Governments around the world still prefer to grant land titles to "heads of household", who are generally the men, whether they are present or not. With land reform taking place in many countries in Africa and elsewhere, Governments are amending rural land legislation, which could be an opportunity for redressing imbalances. Often the new legislation simply synthesizes existing legal systems, including traditional and customary laws, together with modern agricultural legislation related to public and private ownership and use.

New legislation must correspond to society's expectations, secure the support of the rural population and account for the pluralistic nature of land legislation. However, the gender aspects of land tenure, which are often bypassed, need full attention. Protecting customary rights should not accentuate inequalities within communities or sanction harmful environmental behaviour (FAO, 1993).

Women's voices and actions

Women's perspectives rarely appear in the realms of decision-making, politics and administration related to drylands even though they may be the prime managers of dryland resources. Cultural practices and religious norms may hinder women from active participation. An elderly woman in Kenya, for example, reported in a workshop for pastoral women that during a year of severe drought when forage was becoming scarce, she advised her husband to sell the goats while they were still healthy so that they could get a good income. He did not want to do so as the number of livestock reflects a herder's status. Eventually, they lost everything and had to depend on food aid (Njoroge, 1999). However, there are also many cases of women organizing themselves to improve their livelihoods and combat desertification. Boxes 17, 18 and 19 below feature some striking examples.

 Box 17: Brazil's "widows of drought"

The semi-arid north-eastern portion of Brazil is highly populated, with periodic droughts that spawn encroaching deserts, unequal distribution of land and severe hardships for most people. The migration of men on a large scale leaves women to run their households. They become known as "widows of drought" as in many cases their husbands never send any promised remittances home and neglect to return.

Leading women activists Rosilda Silva Cruz and Vanete Almeida, members of the largely male Rural Labourers' Union, are now mobilizing women's participation in development activities in the region. They both began their community involvement at an early age and have worked in grass-roots movements since that time.

Ms. Silva Cruz, one of only four women in the union's directorate, coordinates six women's action groups and takes an active part in radio broadcasts disseminating information on drought and environmental degradation, and also on political issues affecting rural women workers. Ms. Almeida helped to organize the first Rural Women Workers' Meeting in the region, and has since branched out to make international connections with women leaders combating desertification. "We believe in what we are doing", she says with pride (see also case D below).

Sources: www.undp.org/seed/unso/women/film.htm; Branco, 1999

Box 18: Mobilization through education in China

Desertification afflicts up to half of China's vast population. In the dry and degraded rural area 1,000 kilometres west of Beijing, women farmers Ms. Niu Yo Qin and Ms. Chao Jiniu are mobilizing their communities to halt erosion by planting willow and poplar tree cuttings. Reclaiming hectares from the advancing desert provides places to plant vegetables while also opening opportunities to improve education, health and living standards.

"If we want to be richer, not poor like today, we must increase the education, the knowledge of our younger generation. Because if our generation here is educated, they will understand the seriousness of desertification, and if they want to reclaim the desert, they must have the knowledge, they must be educated," said Ms. Yo Qin.

Source: www.undp.org/seed/unso/women/film.htm

Box 19: Women in Uganda take up tree-planting

The Uganda Women Tree Planting Movement, a regional partner of Kenya's Green Belt Movement, plays a major role in combating desertification. Among other activities, it brings a gender perspective to the international arena and helps shape Uganda's World Desertification Day celebrations.

In 2003, when the theme of the Day was water resources management, the Nakasongola district, located in Uganda's "cattle corridor", was selected for the celebrations. An awareness-raising campaign included radio broadcasts, speeches, posters, fact sheets and a school poster competition. Restoration projects involved tree planting around the district's inselbergs – isolated steep hills – and seeding grass around the Wabigalo dam to prevent it from silting up so quickly.

Source: (UWTPM, 2003)

Policy responses

The United Nations Convention to Combat Desertification, which was adopted in June 1994 and came into force in December 1996, is the most important international framework for prevention and rehabilitation of desertification. By September 2003, 190 Governments had ratified the Convention, committing themselves to providing greater technical and financial resources to combat desertification and mitigate the effects of drought in arid, semi-arid and dry sub-humid zones in their own countries and globally. Many countries are now compiling national and regional action plans.

The Convention recognizes the role which women play in sustainable development in dryland areas and endorses women's equal participation, particularly in establishing and supplying knowledge. The Convention's Conference of the Parties has agreed to promote awareness and facilitate participation of local communities, particularly their women, in decisions which affect them. In 1999, it designated the theme of World Desertification Day as "Women's Role in Combating Desertification".

Other activities involve strengthening women's role in the process of implementing the Convention through local organizing, workshops and initiatives to bolster participation. Senegal, for example, set up a national forum on the involvement of women in its national action plan. And in Kenya, 30 to 50 per cent of the participants in the national action plan preparatory process were women. The Islamic Republic of Iran carried out a study on gender discrimination, with a component to encourage traditional methods used by women in rural and nomadic areas for protecting rangelands (GTZ, n.d.).

However, obstacles to these commitments include a limited understanding of gender issues, and of how to translate ideas about gender into specific actions. Other constraints are the lack of gender expertise, limited existence and use of gender-disaggregated data and the often prevailing traditional views on gender roles.

In 1997, an expert group from the Office to Combat Desertification and Drought (UNSO) of the United Nations Development Programme issued an action plan for enlarging women's position in implementing the Convention. Its goal is to weave gender throughout all forms of implementation, including through decentralized planning, systematic funding mechanisms, responsive partnerships, the participation of women in decision-making, the gender sensitization of representatives and the use of gender-specific criteria and indicators for monitoring. The strategy contains guidelines for monitoring and reporting, gender analysis, training, awareness-raising and capacity-building, a roster of specialists and funding mechanisms. All those actions

aim to ensure that women in dryland areas exercise their right to assume full responsibility as managers of natural resources and other livelihood activities (UNSO/UNDP, 1997).

In 2003, at the sixth Conference of the Parties of the Convention to Combat Desertification, held in Havana, the Global Biodiversity Forum organized an interregional session entitled the "Ecosystem Approach to Dryland Management". One of three workshops concentrated on gender and traditional knowledge and formulated some specific recommendations on gender mainstreaming. The World Conservation Union also launched a handbook on gender and desertification that sets forth a methodological proposal on how to mainstream gender equity in work related to drylands (Blanco and Velásquez, 2003).

Several Governments have individually supported women's initiatives and involvement in desertification control. For the 1999 World Desertification Day, for example, the Government of Morocco launched a series of workshops to listen to women's concerns and standpoints and to assess their needs (Economics, 1999). On that same occasion, President Abdou Diouf of Senegal commended the Fédération des Associations Féminines du Sénégal (FAFS) on its pioneering work in promoting the role of women and urged strong coordination in the implementation of the Beijing Platform for Action and the Desertification Convention, recognizing that they can complement each other. In South Africa, the Convention's secretariat and the Government of South Africa organized a stakeholder workshop in Pretoria in 1999. The workshop discussed implementation of the Convention, the national action plan and the gender mainstreaming process, and resulted in a national platform for further cooperation in those areas (www.undp.org/seed/unso/women).

International agencies such as the United Nations Development Programme and the United Nations Development Fund for Women, along with several bilateral donors, have supported similar initiatives. Since 1998, the United Nations Development Fund for Women and its partners have worked in Ghana and Nigeria to reduce environmental degradation and desertification through the renewable energy systems development programme. It builds local capacity among women to develop, operate and maintain alternative, renewable energy systems, using agriculture and human waste to run small enterprises, and to plant neem (Azadirachta indica) and other fruit trees. In Burkina Faso, the fund has backed the environmentally sound production of shea butter from the nuts of the shea or karite tree (Butyrospermum parkii) by training 300 women producers (UNIFEM, 1999; http://www.un.org/ecosocdev/geninfo/afrec/vol15no4/154shea.htm). Projects supported by development agencies can sometimes begin to shift traditional forms of inequity – for example, women might have a first opportunity to own livestock such as camels.

Conclusion

Desertification is a complex and serious environmental and social phenomenon. However, drylands are not just prisons of poverty and deprivation. Communities have developed important strategies and a repository of knowledge and expertise that allows them to respond to and survive in challenging conditions. Although women's social position is often subordinate, they perform many essential survival tasks and have developed valuable skills and practices that complement men's knowledge. Severe environmental degradation, however, puts extra burdens on women, who are often left behind to run households when men migrate.

Women worldwide enjoy little autonomous access to natural resources, or to ownership of land and other resources. But even though traditions and social norms may hinder women's roles in participation and decision-making in dryland management, there are many examples where women have organized themselves to combat desertification. These include participation in shaping and implementing the United Nations Convention to Combat Desertification, which is gender-sensitive in its wording. Some specific steps have now been taken to mainstream gender in carrying out the Convention, particularly at the national level. More concerted, widespread progress remains a challenge.

Case D: Brazil. Empowering women helps to combat desertification

By **Thais Corral** *(REDEH – Network for Human Development)*

In 2000, the Network for Human Development (REDEH) designed the project Strengthening Women's Action in Water Education to address gender issues in public policies for combating desertification in north-east Brazil. The region is the poorest in the country, with an exceptionally low human development index. Nearly 3.6 million people live in areas affected by drought and desertification, with women in particular affected by the lack of basic systems for water and sanitation. Their life expectancy is less than 60 years, while maternal mortality exceeds 200 per 100,000 births. A common phenomenon is also the high level of male out-migration during the times of severe drought, leaving women and children to fend for themselves.

REDEH is a Brazilian non-profit organization whose mission is to strengthen the role of women in sustainable development. One of the leading women's organizations at the United Nations Conference on Environment and Development in Rio de Janeiro in 1992, it has been actively involved since then in the national, state and local implementation of Agenda 21 and other multilateral environmental agreements, such as the Convention to Combat Desertification.

The project in north-east Brazil involved two parts, starting with the development of an educational kit to address gender issues and desertification. It consisted of a manual showing how the community leaders could become "change agents" to combat desertification, a series of radio programmes and campaigns, and a video on how local leaders could help the community. These materials evolved from a participatory process, and used language and symbols culturally familiar to the local population. Focus groups discussed gender concepts to avoid marginalizing men.

The other very important component of the strategy was the training methodology it used, which was geared to give local leaders the appropriate tools to work with their own communities. Radio was promoted as a valuable instrument for community involvement and education

To launch the project, a pilot study was started in five municipalities of the State of Pernambuco as a component of the Government anti-desertification programme. The study has now been replicated in several other States in the Brazilian north-east.

Over 975 community leaders attended training workshops and learned about gender, local empowerment and the democratization of information in order to better deal with drought. They took away information about a tree (*Moringa oleifera*) whose seed purifies water and can easily be cultivated in the region, and about how to care for the rainwater collected in the cisterns installed by the Government.

Also, radio programmes were produced by REDEH in each city and then broadcast in public squares and markets. Designed to inform the general population about coping with drought and desertification, how gender relations influence the management of water was one of the subjects included.

From the beginning, the Strengthening Women's Action in Water Education project set out to combine local and regional expertise on drought and desertification with the knowledge of the Network for Human Development on integrating gender within sustainable development policies and programmes. The project also focused on strengthening the roles of various social actors, including teachers, small farmers, nurses, local politicians, union leaders and housewives, and gathered a multitude of possible solutions and experiences. Each participant received tools for further work, so that, for example, teachers could disseminate the information in schools, nurses in hospitals and so on.

Overall, the project helped solidify new partnerships between Government and civil society for social mobilization and awareness-raising to foster sustainability. REDEH also considers the combination of radio for social mobilization with capacity-building for a diverse set of leaders to be an important achievement. Despite the fact that radio is the best communication device for reaching the general population, it is not commonly employed either in general work on development, or in water management projects.

Perhaps most significantly, bringing together women and men for the community leaders' training proved valuable for working with local perceptions of gender. Up until that point, not enough attention had been paid to this topic. Policy-makers, for example, have not adopted indicators to track how desertification affects men and women differently. The project raised the profile of these issues in the policy-making arena while also stressing the leadership capacity of women in their own communities. Past policies tended to look on women as victims. Now there is a better chance that they will recognize that women, if empowered, become very important agents of change.

V. Women and water management: an integrated approach

"Women play a central part in the provision, management and safeguarding of water."

Dublin Principle 3, International Conference on Water and the Environment Development Issues for the Twenty-first Century, Dublin, 1992

Awareness is growing of the importance of a gender approach to water supply and management issues (Francis, 2003). The present chapter examines the value of water systems and looks at women's reproductive and productive roles as they relate to using and managing those resources. It also explores lessons drawn from recent experiences in policies and programmes.

Box 20: Water is life

Water is essential for all forms of life and crucial for human development. Water systems, including wetlands, coastal zones, surface waters and aquifers, provide a vast majority of environmental goods and services, including drinking water, transport and food. Globally, irrigated agriculture draws down 70 per cent of all renewable water resources, and industry and energy supply also consume a sizable share.

As the world's population has tripled over the last century, the use of renewable water resources has grown sixfold. But water's sustaining role in ecosystems remains undervalued, despite the fact that minimum flows in water bodies are needed to support environmental health and increasing human demands. Faced with shortages and a grim future if current trends continue, there is a growing understanding that sustainable water management requires water governance, including integrated water resource management.

Integrated water resource management coordinates the development and management of water, land and related resources. It seeks to maximize social and economic welfare in an equitable manner, to sustain ecosystems and to bring together the technical, ecological, social and political spheres. An essential part of an integrated approach is the participation of stakeholders, including local communities.

At the root of poverty

"Halve, by 2015, the proportion of people without sustainable access to safe drinking water and basic sanitation."

Millennium Development Goal 7, target 10

Water deprivation is a major concern, involving both the quality and the availability of water. According to the United Nations Food and Agriculture Organization, over 230 million people live in 26 countries classified as water deficient, of which 11 are in Africa. It is expected that by 2025 almost two thirds of the world's population are likely to experience some type of water stress, and for 1 billion of them, the shortage will be severe and socially disruptive. Water scarcity hits the poor and most vulnerable first and hardest, as impoverished families draw most heavily on "common property" resources such as water bodies and inshore fishing grounds. At the same time, the wealthy and affluent, and also industry, tend to draw more heavily on these.

There are several primary threats to water supplies, starting with pollution with organic and chemical substances, a major concern in many industrialized and developing countries. Major sources include inadequate sewage systems, waste disposal, industrial effluents and agricultural residues. Pollution disrupts not only the ecological balance but also harms the health of the entire community. Eighty per cent of all sickness in the world is attributable to unsafe water and poor sanitation, and water-borne diseases – such as diarrhoea, malaria, schistosomiasis and hepatitis A – kill 3.4 million people (mostly children) every year.

Water may also disappear through the irreversible degradation which takes place when wetlands, flood plains and coastal ecosystems are destroyed (Gender and Water Alliance, 2003). Deforestation, in particular in catchment areas, and the damming of rivers are another danger, while the impact of climate change on water systems – through droughts and

flooding, as well as extreme weather conditions – are becoming more and more visible. From 1991 to 2000, over 90 per cent of the people killed by natural hazards lost their lives as a consequence of extreme hydrological circumstances. This translates into major economic consequences, as the 2000 floods in Mozambique clearly demonstrated: GNP subsequently plummeted by 23 per cent (Prince of Orange, 2002). And whenever clean water is scarce, the livelihoods of the poor and women are often the first to suffer the consequences.

Women's reproductive and productive roles

Women and men assume distinct responsibilities in using and managing water and water systems. In most societies, women and girls collect every litre of water for cooking, bathing, cleaning, maintaining health and hygiene, raising small livestock and growing food. Rural men need water for irrigation and larger livestock, but women often care for the milk cattle and young animals. They also oversee family health. Because of these differing gender roles, women and men have different stakes in water use. There is a tendency to overemphasize women's reproductive roles in relation to water resource management – in other words, those tasks that span providing, managing and safeguarding water for use by the family. Water is also used in building and repair work (for example, in making bricks and in plastering), for crops and food processing, and in transport. But women have pressing needs too for water to engage in economic production, including agriculture and microenterprise. Gender disparities ensure that those needs frequently go unmet, with discrepancies in land tenure, access to water, participation, resource control, capacity and skill development, marketing and commercial linkages (GWA, 2003).

Sometimes women's needs are in direct conflict with those of men: for example, food production can be an important source of family food and income for women, but women's access to irrigation is minimal (UNDP, 2002). Gender analysis also reveals that women cope with disproportionate economic and other forms of fallout from floods, dam construction and water pollution. In 1991, after the flood action plan of

Bangladesh began – including gender analysis – it soon became clear that women bear a greater burden in contending with those natural disasters: not only do their normal responsibilities increase, but female-headed households are disadvantaged in terms of relief and rehabilitation. Many resort to a distinctive pattern of emergency borrowing and selling of assets, such as jewellery and utensils. Women also tend to be at greater risk of long-term economic loss than men (GWA, 2003). From a gender perspective, therefore, conservation of aquatic ecosystems can be viewed as critical in terms of improving women's access to resources essential for livelihoods, such as forests, fish species and agricultural land.

This imbalance extends also to the purely domestic arena. All over the world, women and girls assume what can be the time-consuming and dangerous duty of supplying the water needs of their households. Many walk long distances to fetch water, spending four or five hours per day burdened under heavy containers and suffering acute physical problems, especially in drought-prone areas (see box 21). In some mountainous regions of East Africa, for example, women spend up to 27 per cent of their caloric intake in collecting water (Lewis, 1994). In urban areas, women and girls wait hours queuing for intermittent water supplies. Many then have no time for other pursuits, such as education, income generation or cultural and political activities.

 Box 21: A single source for drinking

In Nepal, around 200 families in some villages in Ramechaap district have struggled with acute water shortages for the past few years. They have just one source for drinking: a natural spring. Families sometimes have to wait four hours to collect a single bucket of water. "Night and day, the spring is ever occupied by containers and people", says Jhuma Shrestha, a local woman standing in the queue. "We rely on the spring just for drinking water. For washing, bathing and providing water to our animals, we go to faraway Khahare stream."

Source: Kathmandu Post, 2003

Since they are in regular contact with poor-quality water, women face a higher exposure to water-borne diseases and pollution, as has been the case with the arsenic-infused well water in Bangladesh. Seventy per cent of the world's blind are women who have been infected, directly or through their children, with trachoma, a blinding bacterial eye infection occurring in communities with limited access to water (GWA, 2003). Even when water-borne diseases do not afflict women personally, their burdens increase in caring for others who are ill, while the cost associated with family illness deepens family debt and poverty. There are also strong links between women, water and non-water-borne illnesses. In particular, the exploding number of people infected with HIV/AIDS – for example, in southern Africa – has made collecting and using water more difficult as women strive to keep up with the competing demands of caring for the sick as well as doing their own work and that of ill or deceased household members. Many are infected and ill themselves.

When water is scarce, people must buy it, frequently without any guarantee of quality. High prices can swallow large proportions of family income, highlighting the importance of distinguishing between cultural and socio-economic categories, even within a gender analysis: class, wealth, age, religion and caste are important factors. Better-off women might have private wells for irrigation and domestic purposes, resources to buy safe water or treat unsafe water and domestic help to bring water from other sources. Poor women and girls do not have such options and end up with contaminated supplies. Many also lack basic education on efficient use and pollution prevention, even as they may have learned strategies to conserve water.

Similar considerations apply to a related and sometimes major problem for women: sanitation. In most communities, women must walk long distances to find some privacy, often in bushes or fields, where their personal safety is at risk. There is an increased incidence of sexual and physical assault when women have to walk to remote areas to defecate. Deforestation and loss of vegetation aggravate the situation. Because of the absence of clean and private sanitation facilities in schools, 10 per cent of school-age girls in Africa do not attend school during menstruation or drop out at puberty (GWA, 2003). Proper sanitation facilities are therefore a top priority for women and girls.

Access to and control over water resources

"The human right to water is indispensable for leading a life in human dignity. … The human right to water entitles everyone to sufficient, safe, acceptable, physically accessible and affordable water for personal and domestic uses."

Committee on Economic, Social and Cultural Rights, Geneva, November 2002, United Nations document E/C.12/2002/11

Commonly, entitlement to water is linked to entitlement to land, but land tenure laws may be informed by customary and formal legal systems with built-in inequalities, a recipe for aggravating the gender disparities in ownership and rights that distort women's access to environmental assets in many parts of the world (NEDA, 1997). In Sudan's Wadal Abbas region, for example, women traditionally enjoyed the right to own land and have access to water. Then the British established the Blue Nile Irrigation Scheme in 1954, taking land away from the existing farmers, both women and men, and reallocating new plots exclusively to men. Female farming declined as the scheme expanded (Bernal, 1988).

Colombia and Costa Rica maintain some of the most progressive, gender-sensitive land reform policies, which typically link land and water rights. But most countries in Latin America have put an end to State redistribution of land and have moved towards "parcelization" of cooperative or communal land. Many women, already seriously disadvantaged in the land market, have lost what little share they had in communal land and water (GWA, 2003).

Some other countries, such as Lesotho, have sold their water resources to neighbouring countries, leaving local women facing shortfalls and stoking conflicts over access. Others have flung open the water sector to privatization, arguing that water management by large corporations will be more efficient, a position backed by World Bank policies. Worldwide, women have been the first to signal the problems that have followed: lack of access, huge price hikes, water cut-offs because of unpaid bills, lack of systems of accountability, deterioration in water quality and threats to hygiene. Sharp debates between stakeholders have sprung up, with proponents of privatization arguing that applying that model to water provision services does not imply privatization of water resources; that privatization can add value; and that Governments continue to have a major responsibility to provide a framework for water-use rights (Prince of Orange, 2002). However, many of the experiences to date – such as in Cochabamba (Bolivia), Atlanta (Georgia, United States of America) and Dar es Salaam (United Republic of Tanzania) – clearly underscore that safe and affordable access to water can be at stake, and that poor communities lose out when common, public resources become commercialized.

 Box 22: No payment, no water

"The one truck is the security of the Uni-city, the other is the boys', which they use to cut off the water", says Cecilia Davis, a resident of a township on the outskirts of Cape Town. The trucks are the town's enforcers. "These are the people that come in and cut the water off of people. What they are going to do without water?"

Davis is a single mother with four children still living with her and no income – a plight that is not uncommon in the township, where 60 per cent of people are unemployed. Home is a cold, dark, three-room cement shelter with a tap but no water. In recent years, Davis' monthly water bill has soared by 300 per cent.

Since she is unable to pay it, the city cut her water off 12 months ago. Davis' life now revolves around fetching water from neighbours – several pots a day.

Source: Carty, 2003

On the whole, women's equal participation in decision-making is a prerequisite for more equitable access to both water and sanitation, and could lead to services that respond more effectively to men's and women's different demands and capacities (Francis, 2003). Women playing influential roles at all levels over the long term could also hasten the achievement of sustainability in the management of scarce water resources. But only a few make it to the water corridors of power today (GWA, 2003). Even in community-based projects, men usually make the decisions, chairing the local water users' association or water committee, for example, while women linger in the background doing the hard work, as treasurers, of collecting water fees. Also, women in some cases cannot make well-informed choices because they lack exposure to science and technology (Rathgeber, 1996).

However, they do possess extensive knowledge, experience and common sense regarding the use and management of water resources, and these could be tapped. Ignoring this can be counterproductive: in the Tihama region of Yemen, for example, a project planted trees without consulting the local people. The selected species consumed a large quantity of water in an area facing scarcity. A dialogue with local women, who are responsible for plantation on marginal land, would have helped to avoid this problem from the start.

Women's voices and actions

By the 1970s, women in several parts of the world had started actively organizing to stop degradation of their water systems. Village women in the Chipko movement in India held on to the water-saving capacity of their forests by opposing felling by contractors. Narmada Bachao Andolan (the Save the Narmada Movement), also in India, has struggled for years to stop the damming of the Narmada river. Women, under the leadership of Ms. Medha Patkar, are in the forefront of the Movement. Although the submergence of villages has started, the crusade for justice continues.

In Cameroon, women withheld their labour in an irrigated rice project as they were not assigned land but were expected to work in their husbands' fields. They started growing sorghum for family subsistence outside the irrigation scheme, where they had control over their own labour. Similar cases have occurred in Burkina Faso, the Gambia and Kenya (World Resources Institute et al., 1994). In Bolivia, Ukraine and the United States of America, among many other countries, women are protesting the sale of water services to multinational corporations. They are also cleaning up rivers, maintaining watershed areas and initiating a diverse array of water projects. The women of Limaï, in Indonesia, formed a women's group that started a water project, first choosing the locations and then raising the initial capital by cultivating a communal field. They later invited the men into the local water committees that manage the service (Francis, 2003).

Other situations find women coming together to mainstream a gender perspective in water management, such as through the international Gender and Water Alliance, or, at the local level, the Network on Gender, Energy and Water in Nepal (Network on Gender, Energy and Water, 2003). The alliance promotes gender mainstreaming in all aspects of water-resource management through studies, publications, information sharing and training (www.genderandwateralliance.org).

Policy entry points

In the area of formulating policies to foster a gender approach to water management, a number of principles have already been articulated. The challenge lies in their implementation, along with a series of other international, national and local commitments (WEDO, 2003). Some of these are listed below.

For example, the International Conference on Water and Environment, held in Dublin in 1992, recognized the central part that women play in the provision, management and safeguarding of water (Dublin Principle 3) and recommended positive policies grounded in addressing women's specific needs. It called for equipping women to participate at all levels in water resources programmes, in ways which they themselves define. Chapter 18 of Agenda 21 later reflected this same focus on gender in water management.

In March 2000, the second World Water Forum issued The Hague Ministerial Declaration (http://www.worldwaterforum.net/Ministerial/declaration.html). It outlines seven challenges, including:

■ Meeting basic needs: to recognize that access to safe and sufficient water and sanitation are basic human needs and are essential to health and well-being, and to empower people, especially women, through a participatory process of water management.

■ Governing water wisely: to ensure good governance, so that the involvement of the public and the interests of all stakeholders are included in the management of water resources.

The 2001 Ministerial Declaration of the Bonn International Conference on Freshwater (http://www.water-2001.de/outcome/Ministerial_declaration.asp) says, among other things, that "Water resources management should be based on a participatory approach. Both men and women should be involved and have an equal voice in managing the sustainable use of water resources and sharing of benefits. The role of women in water related areas needs to be strengthened and their participation broadened." Also, the Declaration's recommendations elaborate steps to promote gender equity in governance.

In 2002, the World Summit on Sustainable Development issued the Johannesburg Plan of Implementation (http://www.johannesburgsummit.org). The Plan of Implementation underlines in its paragraph 25 that the implementation of the Millennium Development Goal on safe drinking water and sanitation should be gender sensitive and that access to public information and participation by women should be facilitated.

At the third World Water Forum, held in Kyoto, Japan in 2003, a strong gender lobby organized several gender theme sessions. This effort found

its way into the first paragraph of the Ministerial Declaration (see http://www.world.water-forum3.com), which declares: "Water is a driving force for sustainable development including environmental integrity, and the eradication of poverty and hunger, indispensable for human health and welfare. Prioritizing water issues is an urgent global requirement. Each country has the primary responsibility to act. The international community as well as international and regional organizations should support this. Empowerment of local authorities and communities should be promoted by Governments with due regard to the poor and gender."

Other efforts to implement gender-sensitive water and sanitation activities are taking place both within and outside the United Nations system. The United Nations Inter-Agency Network on Women and Gender Equality (http://www.un.org/womenwatch) established the inter-agency Task Force on Gender and Water in 2003, while several countries have moved forward on integrating gender and social equity in water policies, legislation and regulations. For example, the 1997 National Water Policy of Uganda has the full participation of women at all levels as one of its principles. In Zambia, the 2000 Mainstreaming Gender in Water and Sanitation Strategy recommends the formulation, adoption and implementation of internal gender policies by organizations and institutions that are involved in the provision and promotion of water and sanitation.

The Water Code of the Philippines explicitly defines the right of access to water as a resource for various primary uses, irrespective of whether it is from a natural source, drinking water supply or irrigation scheme. It implicitly recognizes the rights of poor women and men. In South Africa, after an extensive consultation exercise on a planned water policy, the Government issued a White Paper strewn with references to poverty and gender and stressing the importance of women's representation and information. These guiding principles shaped the 1997 Water Services Act and the 1998 National Water Act (GWA, 2003).

Conclusion

Water is a basic human need. The present chapter has highlighted the work, efforts and skills that women put into the management and use of this essential resource. These pertain not only to their reproductive roles in the household but also to their productive tasks and income-generating activities. Critical stumbling blocks for women regularly arise in terms of land tenure, access to water, resource control, affordability of privatized resources, participation and capacity. As a result, water scarcity, pollution and additional limits on access pose extra burdens on them.

Managing water in an integrated and sustainable way can actually improve gender equity by easing access, both to water and to related services (UNDP, 2002). Experiences around the world have shown that moving in this direction calls for mainstreaming gender. At the same time, women themselves are already strong advocates for their own concerns, which have become a central part of the water agenda at many levels (Yoon, 1991). Frameworks still need to be developed that ensure that both women's and men's concerns and experiences consistently appear as an integral dimension of water projects, legislation, policies and programmes (Francis, 2003).

International recognition of the need to fill this gap is growing, and countries are devising inclusive water policies and programmes that account for the differing demands and needs of women and men. These do not preclude the involvement of men or children. And, in general, they must link clearly to the broader goals of economic development and poverty eradication, given the centrality of water as a resource. In many of these efforts, formal and informal women's networks can play important and stimulating roles.

Case E: Romania. A village improves drinking water and women's participation

By **Sascha Gabizon, Margriet Samwel, Kitty Bentvelsen** *(Women in Europe for a Common Future)* and **Iona Iacob** *(Medium & Sanitas [Environment & Health])*

In rural Romania, over 7 million people draw drinking water mostly from wells. These are often polluted with nitrates, bacteria and pesticides that flow in from latrines, waste dumps and agriculture. The health effects are both long-term (thyroid and brain dysfunction) and immediate (blue-baby syndrome, diarrhoea, hepatitis), and can be lethal to small children.

In 2002-2003, the NGOs Medium & Sanitas and Women in Europe for a Common Future (WECF) carried out a multistakeholder pilot project to develop replicable, low-cost, short-term solutions to Romania's water-related health hazards (see http://www.wecf.org/WECFRomaniaproj.html). Targeting primary-school children and newborns, the project aimed to understand women's needs and give them tools to contend with some of the problems they face. It began in the village of Garla Mare, with 3,500 inhabitants, as the health statistics there revealed many cases of methaemoglobinemia (blue-baby syndrome). The illness is caused by high nitrate levels in water used to prepare baby formula.

Water quality tests showed three prominent types of pollution in the village: faecal bacteria, nitrates and the endocrine-disrupting pesticide atrazine, which is now banned in a number of countries. None of the 78 wells tested had safe water. Latrines in people's gardens were the primary cause of bacterial and nitrate pollution, while agriculture (and possibly leaking pesticide storage) contributed atrazine and some of the nitrates.

A 12-member project committee was formed, balanced by gender and ethnicity. Its objective was to consider ways to reduce water pollution, in co-operation with the mayor of the village and Medium & Sanitas. A first step involved opening a project information office under a local coordinator. On a given day, villagers could come with a sample from their well and check its nitrate levels, which made water testing a very visible and convincing experience. For its part, Medium & Sanitas conducted a survey among 480 inhabitants about their knowledge and experience with health effects from water pollution. It showed that there was little awareness about the link between polluted water and health: people assumed that if the water looked clean, then it was clean.

An in-depth socio-economic and gender analysis followed. The study revealed that the unemployment rate in the village was very high, with most families depending only on pensions or children's allowances, which were so low that they could hardly cover sufficient food and electricity. All respondents recognized the principle that they would have to pay for an improved water supply; however, over half would not be able to do so.

The assessment of gender differences in terms of roles and activities found that these differences were not always rigidly applied. Especially in families without daughters, the husband or son(s) assisted the mother in several tasks typically performed by women, such as fetching water. In general, though, women were dealing with water supply issues: hauling buckets from the private or community hand-wheel well and going down to the spring to do the laundry. During the summer, up to 90 buckets a day could be fetched for animals, the garden, dishes and clothes. Only a few families possessed an electric pump on their well. Most used a non-sealed pit latrine. These were generally not emptied when the pit became full – rather, a new hole would be dug.

An additional finding of the analysis was that several women who were able to breastfeed were using a Government scheme providing formula milk to women unable to breastfeed. Formula milk was perceived as better and a status symbol, but the polluted well water used to prepare it carried a risk of blue-baby syndrome.

Villagers discussed the results of the water tests, the survey and the gender analysis at a town hall meeting. A number of experts presented solutions, ranging from a centralized water supply connected to a large filter to preventive measures such as eco-sanitation and organic farming. The local Government did not have any funds to improve the water situation, however, and since most villagers could not afford to pay for drinking water, a financial scheme with bank loans and a long-term payoff was impossible. The community opted to focus on preventive actions for the short, medium and long term.

To supply clean water and promote better hygiene immediately, a water filter was especially designed to cut down on nitrates, micro-organisms and pesticide pollution and was installed in one of the schools. Villagers with small children and other persons at risk could now come and collect clean water. In both schools, the project built hand-washing basins and disseminated educational materials on how to use the filtered water.

For the medium term, hygienic dry compost toilets, which separate urine and faecal material and do not pollute groundwater, were placed in one school and in two

private homes, serving as examples of how easy, low-cost and comfortable these toilets are.

Addressing agricultural pollution was a critical long-term issue. The project initiated cooperation between the farmers in Garla Mare and organic farmers in Constanza and Sibiu (Romania) and the Netherlands. Organic farming does not pollute the groundwater, is better for the health of the villagers and is appropriate from an economic point of view given the high demand from importers of organic produce in Western Europe, who are willing to pay premium prices. A training visit for 21 women and seven men farmers from Garla Mare was organized to study an organic farm in Sibiu. If sufficient interest exists, an organic farmers' cooperative will be established in Garla Mare to set up contracts with importers from Germany and the Netherlands. For the villagers, this should reduce unemployment and also their exposure to pesticides in the course of their work and in their drinking water.

During the project, a women's club became active and discussed ways to improve the village's standard of living. One meeting highlighted the advantages of breastfeeding when drinking water is polluted, even if breast milk contains pollutants, as the positive aspects compensate for the higher intake of pollutants. Other initiatives, some of which are still continuing, have concerned reforestation, collection and recycling of waste, organic agriculture and employment opportunities involving second-hand clothing.

Project results
The start of the Garla Mare project was not always easy. Political or personal interests sometimes swayed cooperation between the mayor and the committee, while associations with the Communist past tarnished the concept of voluntary contributions to the community. Lower-income people were in some cases reluctant to participate, and it took time for the villagers to accept the idea of participation in general.

However, the active women's group demonstrates that it is possible to inspire women to reflect on their own situation and come up with feasible improvements. Other achievements include the fact that both parents and children in the two schools now benefit from better hygiene and clean drinking water. No new cases of blue-baby syndrome occurred during 2002 and 2003, and the project has increased knowledge among the villagers and schoolchildren about the link between health and the environment.

In retrospect, the socio-economic and gender analysis gathered essential insights into the needs and views of the villagers, particularly the women. Women mostly did not dare to speak up in public meetings, but they did in the focus interviews and in the women's club, and became instrumental in highlighting issues such as the use of polluted water for baby formula.

Overall, the project serves as an example of how to provide better-quality water and sanitation at a low cost. Clearly demonstrating that the people most directly affected are themselves the best qualified to identify and tackle their most pressing needs, this project could be readily adapted to many rural areas of Eastern Europe and in the Commonwealth of Newly Independent States, which face similar problems.

Case F : Ukraine - In search of safe water, young mothers mobilize on multiple fronts

By **Anna Tsvetkova** *(MAMA-86)*

In Ukraine, water resources are limited and unequally distributed. Large-scale dams, irrigation schemes and navigation canals cut across the major rivers, while the chemical industry, mining, metalworking, hydropower generation, transport and agriculture have severely polluted these and other water sources.

The situation has reached a breaking point, yet there are few funds to contend with it. As a result, the quality of urban water services is low. In rural areas, over 75 per cent of the population uses traditional wells, often polluted by nitrates, pesticides and micro-organisms. Over 800,000 people have to buy water, usually of poor quality, on the retail market. In some areas, water-borne diseases, such as hepatitis A and rotavirus infections, and nitrate poisoning (blue-baby syndrome) run rampant.

Data and decision-making
In 1991, following the Chernobyl nuclear disaster, a proactive group of young mothers established MAMA-86 as a Kyiv city public organization. From the start, its principal objective has been to secure the environmental rights of Ukrainian citizens, primarily of children and women. Today, MAMA-86 has blossomed into a national environmental NGO network of 17 organizations from various regions of Ukraine and is an active partner in Women in Europe for a Common Future (WECF). Its activities call upon the public to take charge of the sustainable development of their society, with a special focus on the environmental challenges of an economy in transition.

With water being such a serious problem, MAMA-86 kicked off the Drinking Water in Ukraine campaign in 1997, together with 11 organizations from its network. The goal is to improve access to safe and affordable drinking water through public awareness, participation in decision-making and the development of pilot projects. One early initiative addressed a lack of information disclosure, which makes it difficult for the public to obtain the kinds of reliable official data, including data on water, that help people decide on practical steps which they can take. Believing that education on the uses of information can revive citizens' sense of ownership and personal responsibility for resources, MAMA-86 began carrying out regular data-gathering and independent research on drinking-water quality, along with polling public opinion on the issue. It presented the results at round tables, workshops, seminars and conferences at the local, national and international levels.

Broad public consultation led to efforts to advance public participation in law-making. MAMA-86 prepared a list of public amendments to the draft drinking water act based on the discussions, and concerted lobbying convinced Parliament to consider a third of the proposals. In 2002, it passed the Drinking Water and Water Supply Act of Ukraine, granting citizens better access to information on drinking-water issues and the right to organize public hearings on water-related issues. The Act is not gender sensitive, but it provides the basis for water-sector reform in Ukraine and improves the protection of consumer's rights. Subsequent public hearings have already delved into local water reforms, tariff reforms, consumer rights and drinking-water quality.

In the area of pilot projects, the MAMA-86 network has raised funds to demonstrate how various suggestions for solving water problems that emerge from public consultations can work in practice. Many small-scale and low-cost alternatives are later replicated – an exchange of knowledge and positive experiences that catalyses public attention. The first pilots debuted in Tatarbunary – in the Odessa region – and in Sevastopol. They involved, respectively, developing a community-based water purification project, and treating wastewater from the Infectious Diseases Hospital, along with repairing water supply, sewerage and heating systems.

Since 2001, MAMA-86 has been implementing a specific programme of technical solutions for improving access to safe drinking water in urban and rural areas. It consists of 11 pilot projects that work on the local level, fostering public involvement in sustainable solutions through partnerships between the authorities, the public, science and business. There is a strong emphasis on public education on water saving and resource protection, the use of water meters, reliance on local water instead of long-distance transportation, cost-benefit analysis and shared responsibility for funding and co-maintenance.

One pilot study, for example, which began in 2002, seeks to ease the severe pollution in local wells used by over 11 million people in rural areas. Many are decades old and have never been cleaned, due in part to a lack of public information about maintenance as well as limited funds and services for cleaning. Among 100 wells tested near the town of Nizhyn, the concentration of nitrates in 70 per cent of them exceeded safety standards by two to ten times. MAMA-86 established well-cleaning services in Yaremche and in Nizhyn, supplied pumping equipment and enlisted private firms to provide services in outlying areas. The project itself cleaned 25 collective wells.

Another initiative focuses on children's morbidity rates from gastrointestinal diseases and cancer in Poltava oblast, where the figures rank very high. From 10 to 15 cases

of acute nitrate poisoning among children under three months were registered between 1999 and 2001, most probably caused by nitrates in drinking water used for baby formula. In response, MAMA-86 launched a broad public information and education campaign on nitrate contamination in 2001 (lectures for medical personnel, lessons at schools, meetings with villagers, multistakeholder round tables at local and regional levels and wide dissemination of the information through all available channels, including TV and radio). In the village of Pesky, a partnership with local authorities and businesses embarked on the rehabilitation of old artesian wells. It replaced aging pumps and parts of the water supply network, and added a water purification system. Now over 4,500 people in Pesky and some nearby settlements can drink clean water.

All these activities are initiatives by women who work actively on environmental and health issues, research the negative consequences of environmental pollution on human health and share their knowledge to help people survive in the conditions they live in. As women are responsible for the future of their children and families, they are highly motivated to be active and to achieve success in the struggle for life.

MAMA-86 is drawing lessons from the experiences gained in the pilot projects and will give the models which it develops for solving drinking water problems wide dissemination. In November 2003, MAMA-86, in partnership with WECF, started a new Matra (social transformation programme run by the Ministry of Foreign Affairs of the Netherlands) project on cooperation for sustainable rural development, with a focus on water supply, eco-sanitation and organic agriculture. It is a follow-up to the MAMA-86 drinking water campaign in Ukraine, and of WECF experience in eco-sanitation in Romania (see case E above). The main objective is to protect drinking-water sources in rural areas through new approaches such as eco-sanitation and organic agriculture, to raise public awareness concerning these issues and to develop pilot projects run by local communities.

Case G: Women replenish the Aral Sea

By **Kitty Bentvelsen** (*Women in Europe for a Common Future*)

The Aral Sea was once the world's fourth-largest inland sea, located between Kazakhstan in the north and Karakalpakstan, an autonomous region of Uzbekistan, in the south. The local population used to draw its livelihood from fishing, commercial shipping, industry (including fish processing) and agriculture. But problems started in the early 1960s with the diversion of the Amu Darya and Syr Darya rivers, both feeding the Aral Sea. The water was destined for irrigation for the large-scale cultivation of cotton in Uzbekistan and wheat in Kazakhstan. At that time, the Soviet Union hoped to become independent in its production of those commodities. What it did not predict was the impact on the Aral Sea: suddenly, inflows dropped drastically, with the water level falling 23 metres. The surface area shrank by approximately 60 percent, and the volume by almost 80 per cent, while salinity increased from 10 to 45 grams per litre. The Aral Sea has now split into two parts, south and north.

Pollution also struck the sea, largely as a result of chemical and biological weapons testing, industrial projects and the mixing of the inflowing river waters with agrochemicals and defoliants. As the water disappeared, vast salt plains were left behind. Storms carried salt dust up to 180 miles away, dumping it on pastures and arable land. Across the region, winters became colder, summers hotter and the agricultural growing season shorter.

Today, the Aral Sea is a shadow of what it once was. A recent study has predicted that the western part of the much larger south Aral Sea will vanish by 2018; the eastern part could last indefinitely. The north Aral Sea is expected to be saved by the construction of an $86 million concrete dam, which will allow the water in that part to rise while salinity decreases.

These steps are important, yet the consequences have already been enormous and tragic: the Aral Sea is considered one of the world's largest human, economic and environmental disasters. Deserts have surrounded former harbours, fish have disappeared, shipyards and fish-canning industries have closed, agriculture has been badly affected, trees have died and biodiversity has diminished. People have lost their jobs and many have either moved away or remain only because they are too poor to go. Health problems from pollution have been aggravated by the lack of healthy diets and the declining number of health facilities.

Within Uzbekistan, the incidence of health problems is actually several times higher in Karakalpakstan than in the rest of the country. There are alarming rates of kidney disease, anaemia, tuberculosis, liver cancer, miscarriages and birth defects.

Breast milk polluted with residues of organochlorine pesticides is common, and maternal and infant mortality are high. Women are commonly worst hit by this environmental crisis: they bear the burden of caring for ill family members, while their own health, particularly in terms of reproductive issues, falters as well. Many suffer the intense frustration of no longer being able to provide adequate food for their families.

In the north Aral Sea, some ongoing initiatives are trying to restore local livelihoods. The Kazakh NGO Aral Tinesee, established in 1998, encouraged people who fish to return to the sea, after it reintroduced salt-water fish as well as appropriate nets.

Zannath Makhambetova, a young and enterprising woman, served as the first president of the organization, elected by its 600 male members. Today, she is the director and co-founder of the NGO Centre in Astana (formerly Almaty).

At a presentation prior to the World Summit on Sustainable Development, she concluded: "You saw many men in my pictures. They have been doing the actual fishing work. But the initiators, the organizers, were us, the women. In post-Soviet countries, it is the women who are more adaptable to new things. Women are less easily corrupted and they are more flexible to work with. I would like to recommend that you put in your recommendations to the Governments meeting in Johannesburg that sustainable development projects should always work with women in key positions" (Makhambetova, 2002).

Case H: Water-mining for profit-making

By **Biju Negi** *(Beej Bachao Andolan (Save Our Seeds), India)*

Since April 2003, indigenous people's organizations covering almost 50 villages in Kerala, India, have been protesting against "water mining" by a major multinational bottling plant. The giant factory has been sucking 1.5 million litres a day from the common groundwater resource, thereby denying local people water for their household and agricultural needs.

The bottling plant was set up barely five years ago on a 40-acre plot of what was once paddy land used for multiple crops. By the end of the first year, water shortages began. The lowering of the groundwater table within five kilometres of the facility has now become alarming. In fact, the factory itself has been hit by this scarcity, and lately it has been able to extract only a little over half of its water requirement from the company boreholes. To make up the shortfall, it extracts water from the boreholes in neighbouring villages.

Another impact has come from chemical and other wastes. Barely six months after the plant opened, the water in local wells turned brackish and milky white in colour. Scientific analysis showed it to be very hard and full of salts, with high concentrations of calcium and magnesium. This rendered it unfit for human consumption, domestic use and irrigation. Farmers now worry about decreasing yields in rice, coconut and peanuts, with cultivation stopped completely on over 600 acres of land. Local agricultural wage labourers find fewer employment opportunities and overall food security is at risk.

With the stakes so high, the people's growing protest, in which women actively participate, is demanding an immediate closure of the bottling plant. Despite death threats and evidence of local corruption, there are calls for criminal proceedings against the factory, which people believe is responsible for the destruction of their livelihood resources and of the environment. Requests for compensation for all those adversely affected have also been received.

The case could set a precedent because it is not an isolated one. Similar protests against the same company are ongoing in the States of Uttar Pradesh, Maharashtra and Tamil Nadu.

Case 1: The women for water initiative: act locally, lobby internationally

By **Alice Bouman-Dentener** *(Women in Europe for a Common Future)*

Since the second World Water Forum, in 2000 in The Hague, Women in Europe for a Common Future (WECF), the Netherlands Council of Women (NVR) and a growing number of national and international partners – including Business and Professional Women International, WEDO, MAMA-86, and Medium & Sanitas – have come together to work on water, sustainable development and gender. In partnership, they have formed the Women for Water Initiative, which focuses on the full and equal participation of women as a "major group" in integrated water resources management.

The Hague forum acknowledged that the current water crisis relates more to governance than water shortage. Since then, integrated water resources management has grown in popularity as a framework for good water governance. An important aspect of this approach is public participation and the inclusion of relevant stakeholders at all levels in decision-making and implementation.
The water sector in fact recognized participation early on as an important step towards more sustainable development. As early as the International Conference on Water and the Environment in January 1992 in Dublin, two out of four basic principles for sustainable water management dealt with public participation in general (Dublin Principle 2) and the crucial role of women in particular (Dublin Principle 3). The Dublin Principles have now become widely accepted, but implementation remains patchy. The Women for Water Initiative therefore backs efforts to transform Principles 2 and 3 into tangible progress.

The momentum behind the Women for Water Initiative first picked up steam in 1999, when the NVR, an umbrella organization for 54 national women's organizations that represent approximately 1.5 million women in the Netherlands, put together a consultation exercise on water and gender. A subsequent session at the second World Water Forum drew over 400 women and men from all over the world. Together, they defined priorities for bridging the gaps between policies and practices in integrated water resource management. There was a strong call for a new form of grass-roots globalization, and a transnational social movement focusing on water to achieve equitable and sustainable development.

During the 2002 World Summit on Sustainable Development, and the third World Water Forum, a strong "women for water" advocacy effort took shape. The

Women's Caucus at the Forum effectively pushed forward a gender agenda, helping obtain various commitments on gender-responsive budgeting. Through WECF, close cooperation began with the European Commission's Directorate-General for the Environment for future integrated water resources management and other sustainable development projects. Outreach to other sectors also grew. Business and Professional Women International agreed to set up a special task force, covering all its regions, to engage its members as water ambassadors.

The Women for Water Initiative has now emerged as a fully fledged partnership between women's groups, particularly local organizations, which use integrated water resource management as a tool for socio-economic development. The Initiative stimulates women to act locally while joining forces globally, irrespective of political affiliation, professional background or religious orientation. Guidelines for engaging with the private sector encourage joint development that is bottom-up, demand-driven, small-scale and gender-sensitive. The Aqua for All Foundation, established by Dutch water utilities, now provides financial and technical support to some of the projects, particularly those that aim towards poverty alleviation and sustainable development at the community level.

Recent activities have included the promotion of gender-responsive budgeting in the water and sanitation sector and the establishment of a resource centre in Amsterdam in collaboration with the International Information Centre and Archive for the Women's Movement in Amsterdam, Netherlands. A toolkit has been developed that includes best practices for partnerships between women's groups in the Netherlands and their overseas local partners.

For 2004, a working conference is planned which will include presentations on three cases of Dutch women's groups twinning with sister organizations in developing countries. In collaboration with local experts and all stakeholders, the cases should develop into projects that Aqua for All can consider supporting. In years to come, this approach may result in the replication of other local partnerships tailored around local needs related to sustainable development, water, gender and poverty.

VI. Towards gender mainstreaming in environmental policies

"A gender sustainable development perspective should be infused with a commitment to change the cultural values and sexual division of labour, to attain, in the near future, a state where men and women share power and labour in the management and control of fragile ecosystems."

Mariam Abramovay and Gail Lerner (Abramovay and Lerner, 1996, p.11)

The present publication has explored the differing roles, responsibilities, positions and perspectives that women and men have in relation to natural resource use and management, with an emphasis on biological diversity, dryland systems and water resources. Based on this analysis, the present chapter offers a strategic model for gender mainstreaming in institutions dealing with environment and sustainable development. Depending on the level of present involvement in gender issues, a mixed strategy can be defined to focus on specific areas.

The strategic approach outlined here primarily addresses institutional stakeholders: Governments, international agencies, non-governmental organizations, businesses and academia. As described in chapter II, gender mainstreaming in environmental policies is an issue for both women and men. Therefore, the strategy deliberately addresses men, and makes them – together with women – responsible for a gender approach in environmental work. Also, the focus on gender must exist not only on an abstract and global level, but must evolve within a specific local context, taking into account other elements of social differentiation such as class, caste, religion and age (Davids and Van Driel, 2002).

Embarking on a gender-mainstreaming strategy calls for simultaneous steps in several fundamental domains:

- Knowledge and understanding of the issue and validation of women's contributions to sustainable development
- At the institutional level, adequate political will combined with concrete actions
- Assurance of women's rights, and that they benefit from environmental goods and services
- Full participation of women at all levels, particularly in decision-making
- Improvement of the socio-economic position of women
- Women's empowerment
- Identifying the impact of the macrocontext on women and their environment

The following proposals, grouped under these seven basic categories, are designed to help gender mainstreaming move forward. They include profiles of relevant strategies tried by other organizations. Also, many instruments for implementation are already available, such as the 1998 OECD/DAC Guidelines for Gender Equality, but their use in environmental policies to date has been patchy.

A. Understanding the issue

Analysis
- Execute – at institutional, programme and project level – gender analysis, gender budget studies and gender impact analysis on natural resources conservation and management, and translate these into action. Research on gender can be easily integrated into a socio-economic analysis or baseline survey.
- Use and apply sex-disaggregated data, criteria and indicators in planning, monitoring and evaluation.

> ## Box 23: Gender analysis implies:
>
> - Assessment of the roles and needs of women and men, including gender-based labour division.
> - Understanding gender-differentiated systems for access to resources, labour, uses, rights and the distribution of benefits and products.
> - Focusing on gender relations, not just on women (looking at differences, inequalities, power imbalances, differential access to resources between women and men).
> - Knowing that gender is a factor that influences how people respond both individually and collectively.
> - Perceiving the gender dimensions of institutions at all levels in society.
> - In each context, ideally using participatory methodologies.
>
> Source: UNDP, 2002-c

Knowledge

■ Ensure that women's knowledge is preserved. Prevent and avoid pirating and commercialization of local and traditional knowledge.
■ Support the systematic documentation of traditional health and agrobiodiversity knowledge, and the bottom-up development of locally owned, traditional environmental knowledge.
■ Document women's knowledge and survival strategies in dryland areas and their expertise in integrated water management.

Expertise

■ Strengthen expertise on gender and environment and build a roster of specialists; seek to develop a network of research institutions and individuals that spans many disciplines.

B. Institutional

Policies

■ Many international and national commitments and policies have been agreed in the area of women and the environment; a first step would be to implement these.

■ Promote gender mainstreaming in the policies and operations of all natural resource management institutions, and ensure that women's and men's concerns and experiences are fully integrated.

■ Ensure that all agenda items in policy dialogues incorporate gender equality and equity considerations.

■ Devise accountability mechanisms on gender issues for heads of departments.

■ Appoint gender specialists and gender focal points at managerial levels and in the various departments of environmental organizations.

■ Establish a gender task force in the organization.

■ Make monitoring and evaluation systems gender-specific, collect gender-specific data, and apply social accounting and gender auditing.

Box 24: Gender mainstreaming implies:

 Taking into account the attitudes, roles and responsibilities of women and men, recognizing that the sexes and different social classes do not have the same access to and control over resources, and that work, benefits and impacts may vary widely across social and gender groups.

 Considering the needs, roles, capacities, benefits and burdens of women and men, rich and poor, young and old.

Source: UNDP, 2002-c

Recognition and sensitization

■ Promote the recognition of gender-differentiated roles, skills and practices in the conservation and sustainable use of natural resources (biodiversity, drylands, water resources, etc.), keeping in mind that these roles vary from place to place and change over time.

■ Recognize that women and men have different types of vulnerabilities, strategies and responsibilities in environmental change and impact mitigation; integrate gender issues in vulnerability and risk analysis.

■ Sensitize the decision-makers working on biodiversity, water and land about gender issues.

■ Enhance awareness-raising on women's roles in biodiversity use, desertification control and integrated water management through

development of case studies and other information materials.
■ Foster gender sensitivity through training courses in the natural resources sector and beyond.

Programmes and projects
■ Ensure gender-sensitive project planning, implementation, monitoring and reporting (see box 25).
■ Apply the UNEP Gender Sensitivity Guidelines (http://www.unep.org/Project_Manual/5 1.asp) for project formulation, approval, monitoring and evaluation (see box 26).

Box 25: An initiative or project should:

■ Incorporate the insights from a gender analysis into project design
■ Give importance and recognition to women's responsibilities, roles and contributions.
■ Identify concrete, gender-relevant objectives, and make links to key expected results and initiatives.
■ Develop gender-sensitive indicators for monitoring and evaluation.

Source: UNDP, 2002-c

Box 26: The UNEP gender checklist:

■ How can the project build on and strengthen the UNEP commitment to advancing the role of women in environmental decision-making?
■ What specific ways can be proposed for encouraging and enabling women and men to participate and benefit equally from the project goals?
■ Are there (categories of) women and/or men likely to be disadvantaged by the project? If so, what remedial measures can be taken?
■ Are there opportunities under the project to increase women's ability to take charge of their own lives, and to take collective action to solve environmental problems?

Source: UNEP, 1997

Box 27: Indicators of gender sensitivity

- Men and women participate equally in planning and implementing the project.
- Women and men benefit equally from its interventions.
- If women have a subordinate role in the context of the issue being addressed, the project advances women's status and decision-making power.
- Men and women are sensitized to gender concerns.
- Where relevant, all data is collected and analysed on a sex-disaggregated basis.

Source: UNEP, 1997

Gender balance and equality

■ Rectify the gender bias in staffing in organizations and programmes dealing with conservation and sustainable development through an active recruitment policy.

■ Increase the proportion of women in the secretariats and delegations of multilateral agreements on environmental issues.

■ Ensure equality between women and men in carrying out those agreements and facilitate continuous attention to gender sensitive approaches in all aspects of implementation.

■ Promote gender equality in natural resource management at national and regional levels, particularly in developing and implementing national and regional action plans.

C. Women's rights and benefits

■ Guarantee women's rights, independent access and entitlements to biological resources.

■ Ensure women's access to and control of resources, particularly land and water resources, through land reform and legislative measures.

■ Ensure the fair and equitable sharing of benefits from natural resources, and the right to compensation for environmental goods and services, while protecting the interests of local women and men.

■ Apply the Convention on Elimination of All Forms of Discrimination against Women (CEDAW) to issues related to women's access to natural resources, including land.

D. Participation

■ Ensure full and active participation of women together with gender equity in natural resource management, research, planning and decision-making at all levels. In this context also consider active participation of different social classes.
■ Promote the use of participatory methodologies (Guijt, 1996).
■ Address issues of power.
■ Mobilize additional resources to support women's full involvement in natural resource planning and management.
■ Ensure that benefits from interventions accrue to both women and men.

Box 28: Involving both women and men

With an emphasis on increasing women's participation at decision-making levels, participatory measures need to address:

- Power imbalances within communities
- Intra-household and intra-family relations
- The various constraints on participation
- Varying abilities to participate
- Perceived benefits of participation

Source: UNDP, 2002-c

E. Technical and financial support

■ Assist women in their role as local natural resource managers and identify strategies to help rural women achieve sustainable livelihoods.
■ Allocate adequate technical and financial resources to support women directly in natural resource management and the control of environmental degradation, and ensure sustainability of finances.

■ Enhance women's access to education, extension services, training, finances and appropriate technologies.
■ Create more jobs for women but also account for their nature and terms, including whether they offer sustainable livelihoods.
■ Link natural resource programmes and policies to economic initiatives and poverty eradication, and use a cross-cutting and internally consistent approach.

F. Empowerment

■ Create environments that empower women and engage them as full partners in efforts to preserve land, water and natural resources.
■ Empower women as resource managers through capacity-building of individuals and organizations, and increased access to educational opportunities.
■ Improve women's access to information, management processes, training and legal systems.
■ Support, strengthen and involve women's organizations and networks working on environmental issues. Facilitate a dialogue with these organizations and gender experts.
■ Promote leadership and guarantee political participation of women in decision-making. Engage young women in leadership-building and leadership practices.
■ Raise women's visibility in positions of authority and decision-making at all levels.

 ## Box 29: A world of women's activism

Around the globe, the women's movement and many non-governmental organizations have mobilized around gender and livelihood issues. Many groups have identified environmental topics as a priority and have energetically sought to boost gender and environment issues to the top of the political agenda. In the process, they have acquired a wide range of expertise, including their experiences on the ground, and become important sources of information for policy-making and implementation. They are major agents of change.

At the international level, the Women's Environment and Development Organization (WEDO) continues to be a strong advocate for women in sustainable development, facilitating women as a major group in the United Nations Commission on Sustainable Development. WEDO was one of the initiators of the Women's Action Agenda 21 for the United Nations Conference on Environment and Development in Rio de Janeiro in 1992 and of its updated version, Women's Action Agenda for a Healthy and Peaceful Planet 2015, for the World Summit on Sustainable Development in Johannesburg (see case J below). The Gender and Water Alliance looks specifically at water-related subjects; the International Network on Gender and Sustainable Energy (ENERGIA) advocates around energy; and Diverse Women for Diversity specializes in agro-biodiversity. GROOTS organizes grassroots women's organizations from around the world on livelihood issues, while the International Network of Indigenous Women is a strong voice on biodiversity and environment-related issues. In 2002, the international network Women Leaders for the Environment was launched, bringing together women Ministers of environment and other leaders.

Regionally, prominent groups include Women in Europe for a Common Future (WECF), the Platform on Land and Water Rights in Southern Africa and the Gender and Environment Network in Latin America and the Caribbean. Innumerable national and local organizations have flourished as well. Involvement of these civil society organizations is needed at all levels and in all phases of development.

G. The macrocontext

■ Analyse the impacts of macrolevel policies and institutions, including trade liberalization and privatization, on gender differentiation in environment and sustainable development.
■ International agencies and organizations – including the World Trade Organization, the International Monetary Fund and the World Bank – should be held accountable if they fail to secure women's access to natural resources and environmental services, including land, water and biodiversity.
■ Promote institutional changes that guarantee a pro-poor approach in terms of the results and impacts of international institutions.

Conclusion: taking up the challenge

The seven steps listed in the present chapter map out aspects of a strategy for instilling a gender perspective in environmental and sustainable development organizations, policies and management. In all those cases, a major requirement is full support at the managerial level and committed political will. Box 1 shows how UNEP itself has taken these up while case K below looks at the efforts of the World Conservation Union (IUCN). Case L below shows how the Heinrich Böll Foundation in East Africa links its gender, environment and peace programmes.

Case J: Women's action agenda for a healthy and peaceful planet 2015

By **Minu Hemmati**

Women from around the world took a comprehensive global platform to the 1992 United Nations Conference on Environment and Development in Rio de Janeiro, Brazil. The impact of their energy, spirit and ideas was clear: Activists used the platform to successfully lobby for an array of references to women throughout the official conference agreement (Agenda 21), as well as for an entire chapter devoted to gender – "Global Action for Women towards Sustainable and Equitable Development".

Over 1,500 women from 83 countries formulated the platform, which was popularly known as Women's Action Agenda 21, after gathering at the First Women's World Congress for a Healthy Planet in November 1991, in Miami, Florida, United States of America. The document spelled out women's positions on governance, the environment, militarism, the global economy, poverty, land rights and food security, women's rights, reproductive health, science and technology, and education. Over the next decade, at the subsequent series of United Nations world conferences on development, Women's Action Agenda 21 continued to spark activism. It helped galvanize women worldwide to push for their priorities in international institutions, Governments, the private sector and civil society.

In the lead-up to the 2002 United Nations World Summit on Sustainable Development in Johannesburg, South Africa, the Agenda was updated and revitalized. The new Women's Action Agenda for a Healthy and Peaceful Planet 2015 articulates a vision for the future, building on the diverse experiences of thousands of women striving to bring the Rio agreements to life. For two years before the Johannesburg Summit, an international working group of activists reached out to women in all regions of the world to revise the platform.

Discussions took place at five regional meetings and electronic consultations tapped into women's networks and organizations with expertise on particular themes. Crossing issues, cultures and nations, the breadth of the consultation underscored the collaboration that has always been at the heart of the international women's movement. The drafting process was facilitated by the Women's Environment and Development Organization (WEDO) and the Network for Human Development (REDEH).

When the Women's Action Agenda for a Peaceful and Healthy Planet 2015 emerged at the end of this process, it included key recommendations to international institutions, Governments, and others in the following areas:

A. Peace and human rights

Sustainability presupposes human security, protection of all human rights and actions to address the ecological, social, economic and political causes of conflict, violence and terror. Women suffer disproportionately from conflicts and violence and can play a major role in conflict resolution and peace-building. Actions are needed at all levels – global, regional, national, local and within households.

B. Globalization for sustainability

Left unchecked, economic globalization driven by liberalized market forces widens gaps between rich and poor, spreads poverty, fosters waves of violence and crime and degrades the environment. The Agenda addresses the gender implications of economic, financial and trade policies, working conditions in the informal sector and wage inequities in the formal sector.

C. Access to and control of resources

Biological diversity is threatened by the irreversible destruction of natural habitats and the endangerment of species caused by unsustainable production and consumption patterns. The major contributions of women to biodiversity management should be acknowledged and their access and property rights guaranteed.

D. Environmental security and health

Worldwide, the environmental security of rural and urban communities is at risk. In many cases, women and men face differing susceptibilities to various environmental hazards, while access to basic health services, including reproductive health services, is unequal. Women's rights to (reproductive) health and security need to be secured.

E. Governance for sustainable development

The result of weak Governments and the unprecedented rise of transnational corporations has been the concentration of power in the hands of a few, mostly men in industrialized countries. And governance is not gender-neutral – women's participation remains woefully low. Achieving sustainable development, however, requires full and equitable participation of all stakeholders and citizens at all levels of decision-making, along with accountability, transparency, inclusiveness, the rule of law and equality.

Case K: Mainstreaming gender at IUCN

By **Lorena Aguilar** *(IUCN)*

The World Conservation Union, known popularly as IUCN, was founded in 1948 and brings together 78 States, 112 Government agencies, 735 NGOs, 35 affiliates and some 10,000 scientists and experts from 181 countries in a unique worldwide partnership. Its mission is to influence, encourage and assist societies throughout the world to conserve the integrity and diversity of nature and to ensure that use of natural resources is equitable and ecologically sustainable. IUCN has approximately 1,000 staff, most of whom are located in its 42 regional and country offices. About 100 work at its headquarters in Gland, Switzerland.

A timeline of actions

1984: The IUCN sixteenth General Assembly in Madrid makes recommendations concerning women and the environment; establishment of a working group promoting the involvement of women at all levels of the organization.
1986-1987: In 1986, the Conference on Conservation and Development: Implementing the World Conservation Strategy is held in Ottawa, at which IUCN is requested "to promote a supplement on women, environment and sustainable development" to the Strategy. The Working Group on Women and Environment is created, which leads to the launch of the Population and Sustainable Development Programme in 1987.
1988-1989: Following the recommendations of the 1988 General Assembly, in Costa Rica, the Programme on Women and Natural Resource Management is devised. It aims to develop more effective conservation programmes by drawing attention to the roles of women as well as men.
1993-1995: IUCN adopts an equal opportunity policy.
1998: The IUCN Council adopts the IUCN Gender Policy Statement and Action Plan.

The first efforts by IUCN to incorporate gender issues within its operations began in 1984. However, it did not define this process until 1996, when it became clear that for the Union to promote more equitable societies, it itself needed organizational change.

The first World Conservation Congress, held in Montreal, Canada that same year, requested the Director General "to integrate a gender perspective across the IUCN Programme" and "continue the work of the Policy Committee of the Council to formulate a gender programme and policy for the Union" (resolution 1.5). In 1998, the IUCN Council adopted a Gender Policy Statement and Action Plan. It states that "IUCN's commitment to gender equality and equity is Union wide and is an integral part of all policies, programmes and projects".

This commitment resurfaced at the second World Conservation Congress, held in Amman in 2000: the Congress approved resolution 2.28, in which it called on the Director General to ensure that "gender equity is mainstreamed in all of the Secretariat's actions, projects and initiatives" and that "the Gender Equity Policy that was approved by the Council is applied in all Secretariat Component Programmes, projects or initiatives".

A series of concrete actions then followed to accelerate the pace of change. IUCN appointed a high-level gender adviser, assigned a budget for the topic, created gender networks of focal points in all its regions, defined responsibilities in relation to the gender policy for all personnel, elaborated criteria for the approval of new proposals and started the development of specific and practical methodologies for mainstreaming gender into conservation initiatives.

New methodologies for new challenges
IUCN now understands that gender equality and equity are matters of fundamental human rights and social justice, and also a precondition for sustainable development. As a result, the organization has assumed the challenge of developing both theoretical and methodological approaches to gender across its activities. A series of publications has been issued and used to train more than 10,000 people around the world (www.genderandenvironment.org). They include:

The Towards Equity Series. Provides tools and instruments for integrating a gender equity perspective at every level of the project cycle. Nine modules deal with issues such as the elaboration of proposals, appraisals, planning, management of projects and creation of indicators from a gender perspective (Aguilar, 1999; Aguilar et al., 2000; Alfaro Quesada, 2002a and 2002b; Blanco and Rodriguez, 2000; Escalante, 2000; Rodríguez et al., 2000; Rodríguez Villalobos, 2000; Zaldaña, 2000).

The Unavoidable Current: Gender Policies for the Environmental Sector in Mesoamerica. Offers a theoretical and philosophical vision for a conceptual framework to establish gender equity policies in the Ministries of environment of Mesoamerica. It includes seven case studies with corresponding policies and action plans, along with methodologies and guidelines for developing gender equity policies in the environmental sector (Aguilar, 2002).

In Search of the Lost Gender: Equity in Protected Areas. A conceptual and

methodological proposal that provides instruments and recommendations to promote gender equity in protected areas. The document facilitates planning, management and administration, and is designed to assist in seeking greater social equity (Aguilar et al., 2002).

About Fishermen, Fisherwomen, Oceans and Tides: A Gender Perspective in Marine-Coastal Zones. Features tools and recommendations for tackling gender, conservation and sustainable use initiatives in marine coastal zones (Aguilar and Castañeda, 2000).

De Aciertos y Desiertos: Equidad de Género en Ecosistemas de Tierra Seca (On Right Moves and Deserts: Gender Equity in Dryland Ecosystems(in Spanish)). Contains a methodological proposal on training technical personnel in dryland development initiatives (Lobo and Gutiérrez, 2003).

La Fuerza de la Corriente: Gestión de cuencas hydrográficas con equidad de género (The Force of the Current: Management of River Basins with Gender Equity (in Spanish)). Draws together instruments and recommendations for the management and conservation of watersheds from a gender perspective (Siles and Soares, 2003).

While the development of different gender methodologies has been an important step for IUCN, one of the lessons learned is that mainstreaming gender, as an organizational strategy, depends on the skills, knowledge and commitment of the staff involved in management and implementation. "Evaporation" of policy commitments is widespread and policies do not always translate into practical strategies or follow-through. Cultivating appropriate understanding, commitment and capacity, as well as addressing issues of gender inequities and inequalities within an organization, is a process of long-term organizational change. Appropriate capacity-building activities need to be explicitly included in policies, programmes and project frameworks.

However, it is also evident that the steps which IUCN has taken are paying off. Following a period of intensive training, various offices throughout the world are now adopting gender methodologies and producing their plans of action for gender mainstreaming. A new generation of projects considers women an integral part of the management of natural resources. For the first time, technical assistance flows towards women's groups, and equity, are seen as a fundamental part of sustainable development.

The complete IUCN Gender Policy is available at http://iucn.org/themes/spgeng/Policy/GenderPolicyE.html.

98

Case L: East Africa: empowerment of women

By **Aseghedech Ghirmazion** *(Heinrich Böll Foundation Africa)*

The programme of the Heinrich Böll Foundation in East Africa and the Horn of Africa primarily strives for the civic and legal empowerment of women in the region, while the main emphasis of its North-South Dialogue Programme is discourse that advances peace.

Together, gender, the environment and peace present a very distinct interrelationship. Women are the major actors in the environment, and thus their role in environmental management cannot be overemphasized. Conflict causes major destruction of the natural world, hurting women the most and hindering their crucial roles as environmental managers.

In the region covered, a particular concern is land rights. Women tend to enjoy use rights as wives and mothers, but lack transfer rights to varying degrees as a result of customs that reserve these for men. They therefore have no legal rights over the land that they work on and use for their daily supply of fuel, water and food. This has a great impact on economic progress because women, despite being the users and managers of natural resources, are unable to make decisions on expansion and development.

Logically, women should be targeted for any environmental management initiative. Yet entrenched discrimination hinders the impact of sensitization efforts; whereas the international scene has recognized women's essential contributions to economic development, on the ground their activities are still deemed informal and without measurable economic significance.

Conflict normally takes the form of a struggle over who will control resources. Given the environmental degradation that results, any environmental management programme should place conflict-resolution mechanisms at the fore. In the face of war, women and children suffer enormously, forced to adjust to a life of uncertainty that is characterized by harassment, social and cultural decay and lack of access to services such as water, food and shelter. They may also be cut off from their natural environment, which, especially in rural areas, is detrimental to their very survival and that of their households.

Making these and other links between gender, environmental management and peace, the Foundation's regional office, in Nairobi, now encourages initiatives

that integrate the three issues. In Somaliland, for example, a network of 32 women's organizations is promoting women's empowerment and peace-building alongside environmental management training and practices. Women are involved in every stage of planning and implementation of projects, and the network also supports women political aspirants. In Uganda, Isis – Women's International Cross-Cultural Exchange offers women opportunities to build their skills and to network, while in Ethiopia the Foundation supports a monthly gender forum which raises development, environmental, political, social and legal issues with gender implications.

The Foundation also collaborates with Governments, especially on policy development and implementation. A special conference reviewed constitutions in Africa, for example, aiming to devise strategies to ensure equal rights for women under the law. In its work across the region, the foundation has analysed the New Partnership for Africa's Development (NEPAD) initiative, focusing on the gender, environmental and economic dimensions. It backs gender mainstreaming in regional political and economic groupings in general.

All these activities are guided by the understanding that thoroughly integrating gender into environmental management will lead to lasting environmental sustainability. Women need to be recognized as key players in environmental processes, and should be involved in every stage of decision-making.

VII. A time to act

"There have been many advances in international governance for the environment and gender equity over the last decade. International environmental treaties such as those on biological diversity and desertification now recognize the central role of women as stewards of the natural world, as do the action plans adopted by a series of important international conferences, including the 1995 United Nations Fourth World Conference on Women in Beijing and the 2002 World Summit on Sustainable Development in Johannesburg.

"Despite these notable paper achievements, actual on-the-ground practices in most countries and communities around the world have not advanced nearly far enough, reflecting a widely-decried 'implementation gap'. Bridging this divide will require greater efforts to translate international commitments into policy changes at all levels of governance, as well as better mechanisms for bringing wisdom gained through hard-won local experience to the international environmental negotiating table."

Hilary French, Worldwatch Institute

omen all over the world are calling for a peaceful and healthy planet. They work, organize, debate, engage and sustain their vision of making this a reality, now and for the future. However, too often their voices fade in the clamour of crowded global, national and local arenas. Women and the Environment clearly documents why their perspectives must be heard, and why women's active participation and the application of a clear gender lens in all environment and sustainable development work is imperative.

The challenges facing the world community are enormous. An increasing number of people are struggling to meet their most basic needs. Globalization trends encourage consumption on one hand and deprivation on the other. For those losing out, the split is fostering a growing sense of alienation, despair and lack of control over their own destinies.

Compounding matters, the number of failed States is on the rise, leaving a wake of conflicts within and between States and civilizations, while the HIV/AIDS crisis is destroying the lives of millions of people and in some cases whole communities. Overt and hidden discrimination and violence plague millions of women around the world. And the foundation of life itself, the planet Earth, is suffering as its ecosystems and resources are overexploited, degraded and polluted.

As daunting as they may seem, these crises still offer opportunities to us all, both as institutions and as individuals. And women in particular, as creative and passionate advocates of change in every corner of the globe, have shown that they are more than ready to counter-act and make the world a better place for all.

Although reams of literature, official recognition and lip service exist, is given or is paid concerning women's contributions to environmental conservation and sustainable development, the many official commitments at conferences and in speeches, international agreements and policy documents have not resulted in structural improvements. Few practical steps have been taken to ground the concepts in reality. Therefore, above all, this publication is a call for action, for implementation, and for empowerment and encouragement of women's leadership.

There are several reasons why many institutions have failed to integrate a gender perspective and include women in their work. These start with a lack of understanding of the links between gender and other issues, and the contributions women can make. Staunch resistance to the concepts of gender equality and equity exists, as these threaten prevailing structures of power. Other issues include the lack of involvement of civil society and alienation between the political (ruling) class and the people. A lack of institutional arrangements and policy coherence, and the low priority of environmental and social issues in institutions, policies and actions are also to blame.

Overcoming these obstacles requires honesty about the persistence of power dynamics and about the need to shift towards more equitable relationships, including between women and men. Political will and accountability at all levels is a first requirement. A coherent, gender-responsive institutional architecture should be guaranteed, including allocation of responsibilities and tasks and the participation of civil society in general and women in particular.

While many problems are global, solutions often must be local. Peoples have the right to self-determination, including over their resources. Indigenous and traditional knowledge systems must be kept intact, and formal education should build on these rather than on alien importations. Two-way communication and interaction between policy-makers and communities must take place, and information should be accessible to communities.

Also, funding for the large-scale implementation of efforts related to gender and the environment should be mobilized. There is already a need

to develop best practices in mainstreaming gender in environmental work; gender-responsive monitoring and evaluation of policies and actions should help in learning which policies and projects work – and which do not. One critical overall consideration involves linking sustainable development to human rights and to the application of the Convention on the Elimination of All Forms of Discrimination Against Women (CEDAW).

This publication could not cover all existing experiences concerning women and the environment. The gender aspects of energy consumption, climate change, marine issues, urbanization, production and consumption still need further exploration. There is a pressing need too for further action and research on gender and environmental implications in the areas of globalization, trade and market liberalization; indigenous knowledge systems and their protection; environmental change; sustainable practices; health and the environment; and the position of the girl child with regard to the environment and sustainable development. A cross-cutting issue is the social differentiations between women, which need extra attention.

Ultimately it is not a question of pitting women against men or of placing an extra burden of environmental regeneration on the shoulders of women, but of combining efforts that lead to better, happier, more peaceful societies. In 2005, 10 years after the Beijing Women's Conference, we should all be ready for that.

References

Abramovay, Mariam and Gail Lerner. (1996) Introduction. In Ana Maria Brasileiro, Ed. *Gender and Sustainable Development: A New Paradigm – Reflecting on Experience in Latin America and the Caribbean.* UNIFEM, New York.

Agarwal, Bina. (1994) *A Field of One's Own: Gender and Land Rights in South Asia.* Cambridge University Press, Cambridge.

(1998) The Gender and Environment Debate. *In Keil Roger et al., Eds. Political Ecology: Global and Local.* Routledge, London/New York.

Aguilar, Lorena. (1999) *A Good Start Makes a Better Ending: Writing proposals with a Gender Perspective.* Towards Equity Series, No.1. World Conservation Union and Arias Foundation, San José.

(2002) *The Unavoidable Current. Gender Policies for the Environmental Sector in Mesoamerica.* Executive summary. Absoluto S.A., San José.

Aguilar, Lorena, Gustavo Briceño and Ilsie Valenciano. (2000) *Seek and Ye Shall Find: Participatory Appraisals with a Gender Equity Perspective.* Towards Equity Series, No.2. World Conservation Union and Arias Foundation, San José.

Aguilar, Lorena and Itzá Castañeda. (2000) *About Fishermen, Fisherwomen, Oceans and Tides: A Gender Perspective in Marine-Coastal Zones.* World Conservation Union, San José.

Aguilar, Lorena, Itzá Castañeda and Hilda Salazer. (2002) *In Search of the Lost Gender: Equity in Protected Areas.* IUCN/Mesoamerican Office, San José.

Alfaro Quesada, Cecilia. (2002a) If We Organize *It We Can Do It: Project Planning with a Gender Perspective.* Towards Equity Series, No.3. World Conservation Union and Arias Foundation, San José.

(2002b) *Unveiling Gender: Basic Conceptual Elements for Understanding Gender.* Towards Equity Series, No. 9. World Conservation Union and Arias Foundation, San José.

Anderson, S., A. Drucker and S. Gündel (1999) *Conservation of Animal Genetic Resources.* Long Distance Course. Wye College External Programme. University of London

Banerjee, Nirmala. (2000) *Poverty and Social Development.* Paper presented at seminar on poverty and development. Centre for Studies in Social Sciences, Calcutta, India.

Barrow, Edmund G. (IUCN Kenya). Email communication with Lorena Aguilar (IUCN) on the Global Biodiversity Forum, 22 July 2003.

Bernal, V. (1988) *Losing ground: women and agriculture in Sudan's irrigated schemes: lessons from a Blue Nile village.* In Davidson, J., Ed. Agriculture, Women and Land. The African Experience: pp 131-156. Westview, Boulder.

Berg, T. (1993) The science of plant breeding: support or alternative to traditional practices. In W.de Boef, K.Amanor and K. Wellard, Eds. *Cultivating Knowledge, Genetic Diversity, Farmer Experimentation and Crop Research*: pp. 72-77. Intermediate Technology Publications Ltd, London.

Blanco, Lara and Giselle Rodriguéz. (2000) *Practising What We Preach: Management and Decision-Making Processes with Equity.* Towards Equity Series, No.7. World Conservation Union and Arias Foundation, San José.

Bock, Sara. *Testimony* (www.unccd.int/publicinfo).

Braidotti, Rosi, Ewa Charkiewics, Sabine Haüsler and Saskia Wierenga. (1994) *Women the Environment and Sustainable Development: Towards a Theoretical Synthesis.* Zed Books, London.

Blanco Lobo, Monserrat and Margarita Velásquez Gutiérrez. (2003) *De Aciertos y Desiertos: Equidad de Género en Ecosistemas de Tierra Seca* (On Right Moves and Deserts: Gender Equity in Dryland Ecosystems). World Conservation Union, San José (in Spanish).

Branco, Adelia de Melo. (1999) *Women as Natural Resource Managers.* Message to women-enviro listserve (www.sdnp.undp.org/ww/women-enviro/msg00168.html).

Carlsson, Helene and Cecilia Valdivieso. (2003) *Gender Equality and the Millennium Development Goals.* Gender and Development Group, World Bank, Washington D.C.

Carty, Bob. (February 2003) *Whose hand on the tap? Water privatization in South Africa.* CBC News – Indepth: Water Privatization (www.cbc.ca)

Commonwealth Science Council on integrated water resources management (www.comsci.org/WMRPsite/IWRM.htm).

Corral, Thais. (2001) *Women and Sustainable Development: A Local Agenda.* WEDO Primer, March 2001. WEDO, New York.

Cuomo, Kerry Kennedy. (2001) *Speaking Truth to Power: Human rights defenders who are changing our world.* Corn Publishers/Random House, New York.

Dankelman, Irene. (2003) *Gender, Environment and Sustainable Development: Theoretical Trends, Emerging Issues and Challenges.* Review paper. INSTRAW, Santo Domingo.

Dankelman, Irene and Joan Davidson. (1988) *Women and the Environment: Alliance for the Future.* Earthscan, London.

Development Assistance Committee (DAC). (1998) *DAC Guidelines for Gender Equality and Women's Empowerment in Development Co-operation.* OECD, Paris.

Davids, Tine and Francien van Driel. (2002) *Van Vrouwen en Ontwikkeling naar Gender en Globalisering* (From Women and Development to Gender and Globalization). In Arts, Bas, Paul Hebink en Ton van Naerssen, Eds. Voorheen de Derde Wereld; Ontwikkeling anders gedacht (Whither the Third World: Development Considered Differently), pp. 60-85. Mets & Schilt, Amsterdam (in Dutch).

Deutsche Gesellschaft für Technische Zusammenarbeit (GTZ) (German Technical Cooperation). (2001) *Gender Relations in Biodiversity.* Issue papers BIODIV. GTZ, Eschborn.

Deutsche Gesellschaft für Technische Zusammenarbeit (GTZ) and Konventionsprojekt Desertifikations-bekämpfung (CCD). *Women and Desertification Control.* GTZ, Eschborn.

Division for the Advancement of Women (DAW) (2003) *Gender Perspectives on Sustainable Development.* Briefing notes. DAW/United Nations, New York.

Domoto, Akiko, Women and the Convention on Biological Diversity. (1994) In Krattiger, Anatole et al., Eds. *Widening Perspectives on Biodiversity:* pp. 219-224. IUCN and the International Academy of the Environment, Burlington Press, Cambridge.

EarthAction. (2001). *Empowering women to protect the land.* Background information and action alert. EarthAction, Amherst (USA).

Easton, Peter, and Margaret Ronald. (2000) Seeds of Life: Women and Agricultural Biodiversity in Africa. In *IK Notes* (World Bank), 23 (August).

Environment Liaison Centre International (ELCI). (1985) *Women and the Environmental Crisis.* Forum '85. A report of the proceedings of the workshops on Women, Environment and Development, 10-20 July, Nairobi.

Escalante, Ana Cecilia. (2000) *Eyes That See...Hearts That Feel: Gender Indicators.* Towards Equity Series. No.6. World Conservation Union and Arias Foundation, San José.

Est, Diny van. (1997) *The changing use and management of the floodplain environment by Mousgoum Women in North Cameroon.* In De Bruijn, Mirjam, Ineke Halsema and Heleen van den Hombergh, Eds. *Gender and Land Use: Diversity in Environmental Practices:* pp. 9-26. Thesis publishers, Amsterdam.

Francis, Jennifer. (2003) *Gender and Water.* Paper prepared for this publication. Gender and Water Alliance, Delft (Netherlands).

Food and Agricultural Organization (FAO). (1993) *Desertification and gender. A policy note.* FAO, Rome.

(1996) *Women: users, preservers and managers of agro-biodiversity* (www.fao.org/FOCUS/E/Biodiv-e.htm).

(1997) *Brahui Women's Indigenous Knowledge of Medicinal Plants.* Interregional project for participatory upland conservation and development. GCP/INT/542/ITA, Working Paper 5. Quetta, Pakistan.

(2002a) *Rural Women: crucial partners in the fight against hunger and poverty.* Message from Rome to Johannesburg. World Food Summit: Five Years Later. Side event. FAO, Rome.

(2002b) *Women's Right to Land: A Human Right.* Brochure. 8 March. FAO, Rome.

Gender and Water Alliance (GWA). (2003) *The Gender and Water Development Report, 2003: Gender Perspectives on Policies in the Water Sector.* GWA, Delft.

Gender, Energy and Water Network. *GEW Net News,* 1(1), June 2003. Kathmandu, Nepal.

Gregorie, Helene and Ashley Lebner. (2002). *Re-evaluating Relevance: Intellectual Property Rights and Women's Traditional Environmental Knowledge.* Position paper for the CSD NGO Women's Caucus.

Grown, Caren, Geeta Rao Gupta and Zahia Kahn. (2003) *Promises to Keep: Achieving Gender Equality and the Empowerment of Women.* A background paper for the Task

Force on Education and Gender Equality of the Millennium Project. International Center for Research on Women, Washington, D.C.

Guijt, Irene. (1996) *Questions of Difference: PRA, Gender and Environment – A Training Guide.* IIED, London.

Hemmati, Minu. (2000) *Gender-Specific Patterns of Poverty and (Over-)Consumption in Developing and Developed Countries.* In: E. Jochem, J. Sathaye and Daniel Biulle (Eds.). *Society, Behaviour, and Climate Change Mitigation.* Proceedings of IPCC Expert Group Meeting on Social Scientific Approaches to Climate Change Mitigation. Kluwer Publications, Alphen aan de Rijn, Netherlands.

Hemmati, Minu and Kerstin Seliger (eds.). (2001) *The Stakeholder Toolkit. A Resource for Women and NGOs.* UNED Forum, London.

Howard, Patricia. (2003) *Women and Plants: Gender Relations in Biodiversity Management and Conservation.* Zed Books, London.

International Fund for Agricultural Development (IFAD). (2003) *Women as Agents of Change.* Roundtable Discussion paper for the twenty-fifth anniversary session of the IFAD Governing Council. Rome, February.

Ishani, Zarina and Davinder Lamba. (2001) *Emerging African Perspectives on Gender in Urbanization. African research on gender, urbanization and environment.* Mazingira Institute, Nairobi.

IUCN (World Conservation Union). (2003) Brochures: case studies on Brazil and Guatemala. Gender and Environment Programme, IUCN, San José.
(2003) *Maximizing conservation in protected areas: guidelines for gender consideration.* Brochure. IUCN, San José and Population Reference Bureau, Washington, D.C.

Kabirova, Miliya. (2002) *Grassroots fight for right and survival in nuclear contaminated areas. In WECF, Why Women are Essential for Sustainable Development.* Results of the European Women's Conference for a Sustainable Future, Célakovica (Prague), 14-17 March: pp. 97-100. WECF, Bunnik.

Koohafkan, A.P. (1996) *Desertification, drought and their consequences.* SD Dimensions, May. Article. FAO, Rome.

Lee-Smith, Diana. (1994) *Gender, Urbanisation and Environment. A research and policy agenda.* Mazingira Institute, Nairobi.

Lee-Smith, Diana (eds). (1999) *Women Managing Resources. African Research on Gender, Urbanisation and Environment.* Mazingira Institute, Nairobi.

Lewis, N. (1994) *Safe womanhood.* A discussion paper. International Federation of Institutes for Advanced Study, Toronto.

Maathai, Wangari. (2003) *The Green Belt Movement: Sharing the approach and the experience.* Lantern Press, New York.

MacDonald, Mia and Danielle Nierenberg. (2003) Linking Population, Women and Biodiversity. In Worldwatch Insitute, *The State of the World 2003. A Worldwatch Institute Report on Progress Toward a Sustainable Society.* W.W.Norton, New York, pp.38-61

Maddison, Angus. (2001) *The World Economy: A millennial perspective.* OECD, Paris

Makhambetova, Zhannat. (2002) Building up a sustainable community on the edge of the dying Aral Sea. In WECF *Why Women are Essential for Sustainable Development.* Results of the European Women's Conference for a Sustainable Future, Čelákovice (Prague), 14-17 March 2002, pp.83-98. WECF, Munich/Prague.

Mehrotra, Satosh, and Richard Jolly, Eds. (2000) *Development with a Human Face: Experiences in Social Achievement and Economic Growth.* Clarendon Press, Oxford.

Mehta, M. (1996) *Our lives are not different from that of our buffaloes.* In D. Rocheleau, Diana, Barbara Thomas-Slayter and Esther Wangari, Eds. *Feminist Political Ecology, Global Issues and Local Experiences*: pp. 180-210. Routledge, London and New York.

Melo de Branco, Adelia. (1999) Contribution to women-enviro listserve on women as natural resource managers, 21 September.

Menon, Gita. (1991) *Ecological transitions and the changing context of women's work in tribal India.* In *Purasartham,* pp. 291-314.

Milanovic, Branko. (2002) *True world income distribution, 1988 and 1993: first calculations based on household surveys alone.* In *Economic Journal* 112 (476): 51-92.

Moser, Caroline O. N. (1993) *Gender Planning and Development :theory, practice and training.* Routledge, New York.

Natarajan, Bhanumathi. (1999) *Traditional knowledge, culture and resource rights: the case of Tulasi.* In Posey, Darrell Addison Ed. *Cultural and Spiritual Values of Biodiversity. A Complementary Contribution to the Global Biodiversity Assessment,* pp. 268-269. UNEP/Intermediate Technology Publications, London.

Netherlands Development Assistance (NEDA). (1997) Rights of women to the natural resources land and water. Working Paper on Women and Development No.2. Ministry of Foreign Affairs, The Hague.

Neefjes, Koos. (2000) *Environments and Livelihoods: Strategies for Sustainability.* Oxfam, Oxford.

Nierenberg, Danielle. (2002) *Correcting Gender Myopia: Gender equity, women's welfare and the environment.* Worldwatch Paper 161. Worldwatch Institute, Washington D.C.

Njoroge, Janet. (1999) Contribution to women-enviro listserve on women as natural resource managers, 20 September.

OECD/DAC. (1998) *DAC Guidelines for Gender Equality and Women's Empowerment in Development Co-operation.* OECD, Paris.

Oliveira, Thierry de, Anantha Kumar Duraiappah and Gemma Shepherd. (2003) *The Global Drylands Imperative. Increasing Capabilities through an Ecosystem Approach for the Drylands.* UNEP, Nairobi.

Office to Combat Desertification and Drought (UNSO) and the United Nations Development Programme (UNDP). (1997) Strategy document: strengthening the role

of women in the implementation of the Convention to Combat Desertification and Drought. UNSO/UNDP, New York.

Owen, Linda R. (1998) Frauen in der Altsteinzeit: Mütter, Sammlerinnen, Jägerinnen, Fischerinnen, Köchinnen, Herstellerinnen, Künstlerinnen, Heilerinnen (Women in the Old Stone Age: Mothers, Gatherers, Huntresses, Fisherwomen, Cooks, Manufacturers, Artists, Healers). In Auffermann, Bärbel and Gerd-Christian Weniger (eds.) Frauen – Zeiten – Spuren: pp. 161-182. Neanderthal-Museum, Mettmann (in German).

Parker, A. Rani. (1993) Another Point of View: A manual on gender analysis training for grassroots workers. UNIFEM, New York.

Pietilä, Hilkka. (2002) *Engendering the Global Agenda*. Development Dossier. United Nations Non-Governmental Liaison Service, Geneva.

Possey, Darrell Addison. (1999) Culture and nature – the inextricable link. In *Cultural and Spiritual Values of Biodiversity*: pp. 3-16. UNEP/Intermediate Technology Publications, London.

Prince of Orange. (2002) *No Water no Future: a water focus for JoBurg*. Contribution of HRH the Prince of Orange to the panel of the United Nations Secretary-General in preparation for the Johannesburg Summit, May.

Ramprasad, Vanaja. (1999) Women and biodiversity conservation. In *COMPAS Newsletter*, October: 24-25.

Rathgeber, Eva. (1996) Women, men and water resource management in Africa. In Eglal Rached, Eva Rathgeber and David B.Brooks, Eds. *Water Management in Africa and the Middle East*. IDRC, Ottawa.

Reichel, Elizabeth. (1999) Gender-based knowledge systems (GBKS) in the eco-politic of the Yukuna and Tanimuka of Northwest Amazon. In Posey, Darrell Addison Ed. *Cultural and Spiritual Values of Biodiversity. A Complementary Contribution to the Global Biodiversity Assessment*, pp. 82-86. UNEP/Intermediate Technology Publications, London.

Reynolds, J.F., D.M. Stafford Smith and E. Lambin. (2003) ARIDnet: seeking novel approaches to desertification and land degradation. In *Global Change Newsletter* 54 (June): 5-9.

Rocheleau, Diane. (1995) Gender and biodiversity: a feminist political ecology perspective. In *IDS Bulletin* 26 (1): 9-16.

Rocheleau, Diana, Barbara Thomas-Slayter and Esther Wangari, Eds. (1996) *Feminist Political Ecology, Global Issues and Local Experiences*. Routledge, London and New York.

Rodríguez, Giselle et al. (2000) *Taking the Pulse of Gender: Gender-Sensitive Systems for Monitoring and Evaluation*. Towards Equity Series. No. 8. World Conservation Union and Arias Foundation, San José.

Rodríguez Villalobos, Rocío. (2000) *Sharing Secrets: Systematization from a Gender Perspective*. Towards Equity Series, No. 8. World Conservation Union and Arias Foundation, San José.

Ruiz Abril, Maria Elena. (2003) Challenges and Opportunities for Gender Equality in Latin America and the Caribbean. World Bank, Washington D.C.

Saito, K., D. Spurling and H. Mekonnen. (1994) *Raising Productivity of Women Farmers in Sub-Saharan Africa.* World Bank Discussion Paper, no.230. World Bank, Washington, D.C.

Shiva, Vandana. (1988) *Staying Alive: Women, Ecology and Development.* Zed Books, London.

(1995) *Monocultures of the Mind. Perspectives on Biodiversity and Biotechnology.* Zed Books Ltd, London, and Third World Network, Penang.

Shiva, Vandana and Irene Dankelman. (1992) Women and biological diversity: lessons from the Indian Himalaya. In Cooper, David, Renée Vellvé and Henk Hobbelink, Eds. *Growing Diversity: Genetic Resources and Local Food Security*: pp 44-52. Intermediate Technology Publications, London.

Sen, Amartya. (1999) *Development as Freedom.* Oxford University Press, Oxford.

(2001) The many faces of gender inequality. A lecture at the Radcliffe Institute. In *Radcliffe Quarterly* 87(1).

Siles, J and D. de Soares. (2003). *La Fuerza de la Corriente: Gestión de cuencas hidrográficas con equidad de género* (The Force of the Current: Management of River Basins with Gender Equity). IUCN, San José (in Spanish).

Steady, Filomina Chioma, Ed. (1993) *Women and Children First. Environment, Poverty, and Sustainable Development.* Schenkman Books, Rochester, Vermont.

Syndicat National de l'Enseignement Primaire Public de Côte d'Ivoire (SNEPPCI) and UNEP. (2003) *Le Rôle Primordial des Femmes dans la Gestion de la Biodiversité comme Moyen de Lutte contre la Pauvreté* (The Fundamental Role of Women in the Management of Biodiversity as a Means of Combating Poverty). Document synthèse de l'atelier sous-régional d'Abidjan (Summary Document from the Abidjan Subregional Workshop), Côte d'Ivoire, June.

United Nations. (1995) 1994 *(Third) World Survey on the Role of Women in Development.* United Nations, New York. ST/ESA/241; Sales No. E.95.IV.1.

(1996) Platform for Action and Beijing Declaration. United Nations, New York.

(2001) *Beijing and Beyond.* United Nations Division for the Advancement of Women, New York.

UNAIDS. (2002) *Report on the Global HIV/AIDS Epidemic.* UNAIDS, Geneva.

United Nations Development Programme (UNDP). (1995) *Human Development Report 1995.* Oxford University Press, New York.

(1998) *Human Development Report 1998.* Oxford University Press, New York.

(2002a) *Human Development Report 2002: Deepening Democracy in a Fragmented World.* Oxford University Press, New York.

(2002b) *Biodiversity and Poverty: Biodiversity under Development,* 2002. UNDP Bureau for Development Policy, New York.

(2002c) *Mainstreaming Gender in Water Management. A Practical Journey to*

Sustainability: A Resource Guide. UNDP, New York.

(2003) *Human Development Report 2003: Millennium Development Goals: a Compact Among Nations to End Human Poverty*. Oxford University Press, New York.

United Nations Development Fund for Women (UNIFEM) (1997) *ACC Task Force on Basic Social Services for All: Guidelines on Women's Empowerment*. UNIFEM, New York.

(1999) *UNIFEM and the United Nations Convention to Combat Desertification: activities in 1998-1999*. Paper. UNIFEM, New York.

(2002) *Progress of the World's Women 2002: Gender Equality and the Millennium Development Goals*. UNIFEM, New York.

United Nations Environment Programme (UNEP) (1997) *UNEP Project Manual: Formulation, Approval, Monitoring and Evaluation*. UNEP, Nairobi.

(1999) *Cultural and Spiritual Values of Biodiversity. A Complementary Contribution to the Global Biodiversity Assessment*. Intermediate Technology Publications, London.

(2000) *Success Stories: Gender and the Environment*. UNEP, Nairobi.

(2002) *Global Environment Outlook 3*. Earthscan, London.

United Nations Environment Programme (UNEP) and WorldWIDE. (1991) *Success stories of women and the environment*. A preliminary presentation in anticipation of the Global Assembly Women and the environment, 4-8 November 1991, Miami. WorldWIDE, Washington, D.C.

United Nations Population Fund (UNFPA). (2003) *State of the World Population 2003*. UNFPA, New York.

Uganda Women Tree Planting Movement. (2003) Concept paper on World Desertification Day Celebrations, 17 June.

Vainio-Mattila, Arja. (2001) Navigating Gender: A framework and tool for participatory development. Ministry of Foreign Affairs of Finland, Helsinki.

Walker, Marilyn. (1999) Basketry and biodiversity in the Pacific Northwest. In Posey, Darrell Addison Ed. *Cultural and Spiritual Values of Biodiversity. A Complementary Contribution to the Global Biodiversity Assessment*, pp. 86-88. UNEP/Intermediate Technology Publications, London.

WEHAB Working Group. (2002a) *A framework for action on water and sanitation*. Paper presented at the World Summit on Sustainable Development, 26 August-4 September 2002, Johannesburg, South Africa.

(2002b) *A framework for action on biodiversity and ecosystem management*. Paper presented at the World Summit on Sustainable Development, 26 August-4 September 2002, Johannesburg, South Africa. (www.agora21.org/Johannesburg/wehab_biodiversity.pdf).

Williams, Adela. (2002) *Incorporating a Gender Perspective in Rural Water And Sanitation Projects. Experience of MUDE* (Women in Development, Dominican Republic). A case study prepared for the Forum "Water for the Americas in the 21st

Century", Mexico City, 8-11 October 2002. (with the support of the Gender and Water Alliance).

Wichterich, Christa. (2000) *The Globalized Women: Reports from a Future of Inequality.* Zed Books, London.

Women in Europe for a Common Future. (2002) *Why Women are Essential for Sustainable Development.* Results of the European Conference for a Sustainable Future, Čelákovice (Prague), 14-17 March 2002. WECF, Munich/Bunnik.

Women's Environment and Development Organization (WEDO). (1991) *Women's Action Agenda 21.* WEDO, New York.

(1995) *News and Views* 8: 3-4.

(2002) Gender analysis of Johannesburg Plan of Implementation (www.wedo.org).

(2003) *Untapped Connections: Gender, Water and Poverty.*

World Bank. (2001) *Engendering Development: Through Gender Equality in Rights, Resources and Voice.* World Bank, Washington, D.C.

World Resources Institute, UNEP and UNDP. (1994) *World Resources 1994-1995.* Oxford University Press, Oxford, United Kingdom.

Woroniuk, B. and J. Schalkwijk. (1998) *Biodiversity and Equality between Women and Men.* SIDA Equality Prompt # 8. SIDA, Stockholm.

Women's World Summit Foundation (WWSF). (2003) Empowering women and children. *WWSF Global Newsletter* 12 (July).

www.undp.org/seed/unso/women and www.undp.seed/unso/women/film.htm.

Yoon, Soon-Young. (1993) Water for life. In Filomina Chioma Steady, Ed. *Women and Children First: Environment, Poverty and Sustainable Development*: pp. 199-220. Schenkman Books, Rochester, Vermont.

Zaldaña, Claudia. (2000) *In Unity There is Power: Processes of Participation and Empowerment.* Towards Equity Series No. 5. World Conservation Union and Arias Foundation, San José.

Zweifel, Helen. (1997) Biodiversity and the appropriation of women's knowledge. In *IK Monitor* 5(1) (www.nuffic.nl/ciran/ikdm/5-1/articles/zweifel.htm).

Acronyms and abbreviations

CEDAW	Convention on the Elimination of all Forms of Discrimination against Women
ELCI	Environment Liaison Centre International (ELCI)
FAFS	Fédération des Associations Féminines du Sénégal
FAO	Food and Agriculture Organization of the United Nations
GALAC	Gender and Environment Network in Latin America and the Caribbean
GBM	Green Belt Movement (Kenya)
GNP	Gross national product
GROOTS	Grassroots Organisations Operating Together in Sisterhood
GTZ	Deutsche Gesellschaft für Technische Zusammenarbeit (German Technical Cooperation)
GWA	Gender and Water Alliance
HBF	Heinrich Böll Foundation
IPGRI	International Plant Genetic Resources Institute
IUCN	World Conservation Union
IWRM	Integrated Water Resources Management
MUDE	Mujeres en Desarrollo Dominica (Dominican Republic)
NEDA	Netherlands Environment and Development Assistance
NEPAD	New Partnership for Africa's Development
NGO	Non-governmental organization
NVR	Netherlands Council of Women
OECD	Organisation for Economic Co-operation and Development
PAN	Pesticides Action Network
REDEH	Network for Human Development (Brazil)
SADC	Southern Africa Development Community
TRIPS	Trade-Related Intellectual Property Rights
UNCED	United Nations Conference on Environment and Development
UNDP	United Nations Development Fund
UNEP	United Nations Environment Programme
UNESCO	United Nations Educational, Scientific and Cultural Organisation
UNIFEM	United Nations Development Fund for Women
UNSO	United Nations Office to Combat Desertification and Drought
UWTPM	Uganda Women Tree Planting Movement
WECF	Women in Europe for a Common Future
WEDO	Women's Environment and Development Organization

Some definitions

Gender
Identifies the social relations between men and women; gender is socially constructed, gender relations are contextually specific and often change in response to altering circumstances (Moser, 1993:230).

Gender analysis
Systematic way of looking at the different impacts of development on women and men (Parker, 1993:74).

Gender equality
Equal visibility, empowerment and participation of men and women in all spheres of public and private life; often guided by a vision of human rights, which incorporates acceptance of equal and inalienable rights of all women and men.

Gender equity
Set of actions, attitudes and assumptions that provide opportunities for both women and men; recognizes differences and accommodates it in order to prevent the continuation of inequitable status quo; emphasizes fairness in process and outcome.

Gender disaggregated information
Information differentiated on the basis of what pertains to women and their roles, and to men and their roles.

Gender mainstreaming
By bringing women's issues into mainstream policies, programmes and projects, to overcome problems of marginalization; in order to carry out this mandate organizations have attempted to integrate gender concerns into the institutional structures and procedures.

Gender-specific
Refers to activities and information that are predicated on the existence of division of labour based on gender.

Sex
Identifies the biological differences between women and men.

Source: Vainio-Mattila, 2001

115

Contacts

Authors of main text, case studies and boxes:

- Irene Dankelman: author
- Edward Freeman: United Nations editor
- Gretchen Sidhu: editor
- Lorena Aguilar (IUCN)
- Kitty Bentvelsen (WECF)
- Alice Bouman-Dentener (WWI)
- Thais Corral (REDEH)
- Hilary French (Worldwatch Institute)
- Sascha Gabizon (WECF)
- Barbara Gemmil-Herren (ELCI)
- Aseghedech Ghirmazion (HBF)
- Betsy Hartmann (Population and Development Programme, CLPP)
- Minu Hemmati: expert
- Iona Iacob (Medium & Sanitas)
- Mia MacDonald (Worldwatch Institute)
- Davinder Lamba (Mazingira Institute)
- Abby Taka Mgugu (The Platform)
- Lucy Mulenkei (Indigenous Information Network)
- Biju Negi (Beej Bachao Andolan (Save Our Seeds))
- Danielle Nierenberg (Worldwatch Institute)
- Margriet Samwel (WECF)
- Anna Tsvetkova (MAMA-86)
- Leonor Zalabata Torres (Arhuaco people, Sierra Nevada, Colombia)

Some organizational web sites:

- Diverse Women for Diversity: www.diversewomen.org
- ENERGIA: www.energia.org
- Gender and Water Alliance: www.genderandwateralliance.org
- GROOTS: www.groots.org
- UN-HABITAT: www.unhabitat.org/genderpolicy
- Huairo Commission: www.huairou.org
- IUCN – gender: www.generoyambiente.org
- UNEP: www.unep.org
- UN-gender: www.un.org/womenwatch
- UNIFEM: www.unifem.org
- WECF: www.wecf.org
- WEDO: www.wedo.org

¿QUÉ SE JUEGA EN PSICOANÁLISIS DE NIÑOS?

¿QUÉ SE JUEGA EN PSICOANÁLISIS DE NIÑOS?

por

AÍDA DINERSTEIN

LUGAR EDITORIAL

Tapa: Pablo Barragán

ISBN: 950-129-15-1

Malabia 1330 - (1414) Buenos Aires
© 1987 Lugar Editorial

Queda hecho el depósito que marca la ley 11.723

Impreso en Argentina - Printed in Argentina

A Willie.
También a Carolina y Magdalena,
porque les encanta jugar.

Nota

Este escrito constituyó mi tesis para obtener el grado de Maestría en Psicología Clínica en la Universidad Nacional Autónoma de México en septiembre de 1985. Habiendo sido producido en otro tiempo y otro lugar, estas dos circunstancias justifican algunas de sus características. Asimismo, el hecho de ser un trabajo de tesis, implicó tener que adaptarlo a las exigencias académicas y universitarias. Así, por ejemplo, el capítulo dos sobre los conceptos fundamentales fue una manera de sortear la exigencia reglamentaria de incluir una sección que llevara por título, y por contenido, la "definición de términos".

En México, el contexto universitario, y también el de las instituciones psicoanalíticas, es distinto al de Buenos Aires: el pensamiento lacaneano es novedad y todavía se desarrolla en ámbitos bastante marginales. No es habitual presentar una tesis con esta orientación en una Escuela de Psicología muy influenciada por un psicoanálisis inspirado en la psicología del yo cuando no por el discurso y la orientación más francamente conductistas. Y si bien no hubo condicionamientos en cuanto a la elección del tema y la selección de la bibliografía (en esto contó la colaboración respetuosa de mi director de tesis, el Dr. Néstor Braunstein, tanto como la de los maestros elegidos como sinodales), este contexto fue determinante tanto para lo que se dice como para lo que no se dice en este trabajo. Su estilo eminentemente discursivo así como la insistencia en algunos aspectos que tal vez resulten redundantes, en parte se relacionan con la institución en la que este texto fue

9

presentado. Me parecieron necesarias estas aclaraciones en la medida en que decidí, para la publicación, no introducir modificaciones.

No quisiera dejar de mencionar a quienes fueron importantes para mi trabajo psicoanalítico en México: Agustín Aparicio, por su escucha de psicoanalista, Juan Carlos Plá, por su enseñanza y su estímulo intelectual y Diego García Reinoso, por su lúcida interlocución y generosa amistad.

También a mis amigas y compañeras de trabajo Beatriz Aguad, Norma Barros, Diana Chorne, Renée Di Pardo, Mara La Madrid y Gena Riccio, con quienes compartí años difíciles pero enriquecedores.

A modo de pre-texto

Un recuerdo: una niña juega incansablemente en un consultorio analítico con barcos que entran y salen de puertos imaginados mientras su madre pare a la segunda de sus hermanas.

Experiencia, siempre renovada, de fractura de la ilusión narcisista de completamiento en y con la madre. Partición, madre partida, partida de la madre, partida desde la madre; encadenamiento y condena a un exilio, único lugar posible para una subjetividad que sólo se sostiene, acosada por ese lado cosa de la madre, en la pregunta "¿Qué me quiere?". Pregunta que se modula, se encubre y se descubre en sucesivas demandas: quiero jugar, quiero ir a la escuela, quiero saber, quiero ser psicoanalista, quiero ser psicoanalista de niños. Quiero intentar ese plus de imposible de la tarea imposible que es el psicoanálisis.

Recuerdo infantil, encubridor, visual, intenso, condensa en su escenificación una organización fantasmática que estructura en una neurosis infantil destinos pulsionales. Pulsiones que presionan abriéndose caminos en fantasmas, recuerdos, sueños, síntomas, teorías sexuales infantiles. En juegos.

Supuesto origen que, como todos, míticamente inventa un punto de partida imaginario, un comienzo, un pasado que impulsa una práctica de psicoanalista. Práctica de sostener una escucha de las formaciones del inconsciente, tanto como de la angustia que se despliega en ese consultorio en que se pacta un juego cuando el analista dice: "Oigo". Práctica también de escuchar lo que los textos fundantes y fundamentales del psicoanálisis tienen —siempre algo más— para decir: la obra teórica de Freud y de Jacques Lacan.

Es en el entrecruzamiento de este recuerdo, de esta práctica, de este marco teórico, que se nos impone el deseo de un trabajo en que intentar dar cuenta de reflexiones surgidas por esta tarea tan controvertida. ¿Es posible analizar a un niño? Ese pretende ser el nudo, el ombligo de este trabajo. Nudo y ombligo que se nos formulan a la manera de una pregunta.

La propuesta de trabajo es interrogar esta misma interrogación. Tomarla como síntoma y, como tal, en su doble vertiente de denunciar una verdad (lo que el psicoanálisis ha venido a descubrir sobre el inconsciente y la verdad subjetiva) justamente allí donde se transforma, se deforma, se dice en los equívocos que la historia del psicoanálisis ha producido como su propia novela.

Es así, en el marco de una dimensión que se agota en el registro imaginario, que pretendemos situar la clásica discusión Melanie Klein-Anna Freud acerca del tema.

Si bien le otorgamos a la primera el mérito de intentar mantenerse en el campo delimitado por el concepto de inconsciente (y su articulación con los de represión y sexualidad infantil), de intentar ser consecuente en el ejercicio de una práctica y en la ética de una escucha, nos parece, sin embargo, que el problema está mal planteado.

Si bien, como recién decíamos, a Klein le reconocemos un lugar que no a Anna Freud en cuanto a una mayor pertenencia y pertinencia respecto del campo que nos ocupa, nos parece que no responde a las tesis sobre la no analizabilidad de niños de una forma suficientemente radical. Y esto, por estar ella misma imbuida, en cuanto a su teorización, de posiciones psicoevolutivas que delatan concepciones sobre el desarrollo (y esto no implica otra cosa sino que la mira sigue estando centrada en el yo, cuestión ampliamente trabajada por Lacan, ahí donde retoma la mejor tradición freudiana) que desvirtúan el real objeto del psicoanálisis.

Nos proponemos revisar esta posición, esta discusión. Lo que ella aporta tanto como lo que resta entorpecido para una demarcación de más rigor en cuanto a los problemas.

A la limitación que implica la respuesta kleineana sobre la cuestión, proponemos como alternativa una ubicación más rigurosa de los conceptos fundamentales del psicoanálisis: lo inconsciente (la sexualidad —siempre infantil—), la pulsión (y el deseo), la repetición (el objeto), la transferencia.

En la intertextualidad Freud-Lacan, intentaremos revisar y precisar estos conceptos, su articulación necesaria y las consecuencias teórico-clínicas a las que obliga una tal delimitación. Qué es pertinente de ser planteado bajo el nombre de psicoanálisis, qué cuestiones quedan excluidas como perteneciendo a una extraterritorialidad. Sólo desde una tal ubicación creemos poder precisar qué desconocimientos, qué distorsiones de la verdad freudiana, han hecho posible que fuera posible preguntarse: ¿Es posible analizar a un niño? Más bien deberíamos preguntarnos: Si hay análisis, ¿es posible *no* analizar un niño?

¿Por qué no ver un camino allí donde dos de los cinco psicoanálisis ejemplares que Freud nos legara, se nombran, uno: "Análisis de la fobia de un niño de cinco años (el 'pequeño Hans')", y "De la historia de una neurosis infantil (el 'Hombre de los Lobos')", el otro? Un niño presenta una estructura —con todos los elementos que la hacen una neurosis— fóbica. Un adulto, una neurosis infantil.

Esta ¿coincidencia? nos sugiere que, si algún status se le otorga a la estructura de la neurosis, no puede ser otro que el de lo infantil.

E infantil, en psicoanálisis, lejos de querer decir "propio de niños", se impone como reprimido, sexual, como pulsiones que en búsqueda de satisfacción re-encuentran objetos. Lo que, para el inconsciente, no es otra cosa sino el encuentro con lo perdido, lo siempre perdido y, como tal, encuentro fallido. Acto —de encuentro— fallido. El juego también es eso: acto —de encuentro— fallido.

Se apela con frecuencia a categorías como desarrollo o maduración en vistas a justificar una supuesta "especialidad" en el trabajo con niños. Sí, es obvio que hay diferencias de maduración entre un niño y un adulto. Cuestión del yo. Pero no es al yo a quien se dirige nuestra escucha sino a eso que insiste, que pulsa en el automatismo de repetición por acceder a inscribirse en lo simbólico, a ser dicho con (y de) palabras.

Al sujeto del inconsciente no se le pueden atribuir edades. No crece ni madura. Tampoco se adapta. Constituido de una vez, cada vez en cada acto en que la represión primordial inscribe una huella, índice de lo ausente a esta escritura (el lado cosa de la madre, das Ding, lo más propio, a la vez lo más ajeno, núcleo real del Yo; distintas formas de nombrar, de rodear en la teoría este real al que se emparenta el sujeto, ahí donde el significante lo barra), demanda hablar allí donde habla —o juega— para demandar; en ese juego del deseo —principio del placer— que traza las vías de acceso a la realidad.

Anna Freud sueña: "Anna F.eud, Er (d) beer, Hochbeer, Eier (s) peis, Papp (Ana Feud, fesas, fesas silvestes, evos papía)" * y una interpretación literal puede decir que, en ellos, los sueños simples, los de los niños, casi sin desfiguración onírica a no ser por la trasposición del pensamiento en vivencia alucinatoria (¡menudo problema con las modificaciones de tipo verbal que supone figurar el deseo como cumplido!) se trataría de deseos de la vigilia, deseos conscientes, referidos a objetos de los que, en la realidad, el niño se hubo visto privado. Objetos de la necesidad y, si así fuera, si el niño sólo

* Anna Freud, fresas, fresas silvestres, huevos, papilla.

14

tuviera deseos conscientes, si sólo demandara lo que demanda, un analista nada tiene que hacer en relación con él.

Pero estos objetos de la realidad, que el niño desea, ¿son acaso de alguna otra realidad que aquella que Freud denuncia como insoportable para el neurótico cuando dice que la enfermedad lo enajena, lo extraña de ella?*

El niño sueña, y al figurar un cumplimiento, desmiente el acontecimiento de la privación, indicio él mismo de un real-objetivo, insoportable en tanto se le sustrae: el deseo del Otro, el deseo de la madre. Madre deseante y, como tal, castrada. Sujeta a determinaciones sexuales que hacen a su diferencia y que la comprometen en caminos de equivalencias simbólicas: pene-hombre-hijo. Insoportable: la realidad de la castración y la diferencia de los sexos. Insoportable: ser hijo de hombre, de madre castrada, sexual. Haber sido imaginado el falo pero no serlo.

La neurosis infantil, organización deseante, es defensa frente a este real objetivo ahí donde lo desmiente y, al desmentirlo, le dice "No", expulsándolo del psiquismo; es elaboración, ahí donde inscribe, en una representación-cosa (significante), esa cosa pulsional a que remite el deseo del Otro.

El niño sueña, se enajena, se extraña ahí donde expresa la toma de posesión y se nombra yo: Anna F.eud.

El niño, si estructurado como neurótico, se enajena de lo insoportable y padece —como cualquier sujeto constituido por la represión— de lo infantil en él. No menos sujeto a inventarse caminos de rodeo, de alejamiento y acercamiento en referencia a das Ding, elabora,

---

* Obviamente no pretendemos confundir los objetos constituidos en la relación imaginaria con el objeto *a* de la pulsión. En capítulos siguientes abordaremos esta diferencia. Por el momento nos importa subrayar un cierto parentesco, con el sentido explícito de cuestionar una concepción ingenua de realidad. Y de niño.

15

en sus síntomas (también en sus sublimaciones) lo que es elaborable de lo traumático. El resto, lo dice con angustia.

Sólo así, una vez planteadas las coordenadas que ubican un problema como pertinente al psicoanálisis, podemos aceptar repensar las diferencias que implica el trabajo con niños. Que las hay. El niño juega. Habla, pero, aunque cada vez más a medida que progresa el análisis, habla poco. Es cierto que no puede responder a la regla fundamental de: "Diga todo lo que se le ocurre", sosteniendo un discurso verbal que cubra el tiempo de una sesión. Despliega acciones en el consultorio y la sesión a veces requiere de acciones por parte del analista.

Tampoco el niño sostiene solo su demanda de ser analizado. Esta se articula con demandas de los padres; de que su hijo sea analizado, y otras.

Proponemos atender estas diferencias como "especificidad" del trabajo con niños que no justifican, para nosotros, la idea de una especialidad. Se es psicoanalista o no se es psicoanalista.

Con respecto al juego, nos proponemos desarrollar algunas ideas surgidas de la reflexión y las preguntas con que este tipo de trabajo nos interpela. Pensar el juego en psicoanálisis no admite adscribirlo a ninguna pre-verbalidad. Impensable, fuera o más allá del lenguaje.

Interesados en pensar la relación que éste guarda con la actividad pulsional, por un lado, y con la constitución del yo, por el otro, creemos que podría ayudar a precisar su lugar metapsicológico, intentar una articulación desde la óptica de la sublimación.

Hay el juego de palabras. Si concedemos que se puede jugar con palabras, ¿no podríamos aceptar que se pueda palabrear con juegos?

"¿Juegas?" Como en los últimos tiempos, Claudia empieza cada sesión de la misma manera. Abriendo su caja de Scrabel me pregunta si quiero jugar con ella. Como si necesitara, cada vez, confirmar un pacto. ¿O

16

será tal vez para que le diga que no? De padres latinoamericanos, nació en Inglaterra. Se analiza porque sufre por diversos síntomas que, de una u otra forma, la conducen siempre a dolorosas preguntas. ¿Por qué la separación de sus padres, cuando era pequeña, representó simultáneamente el abandono del papá? ¿Qué es ella, quién es él, qué le pasa, para que no desee verla?

En la sesión a la que nos referimos, jugamos como de costumbre al Scrabel, pero esta vez le marcamos esta forma particular de apertura que significa el "¿Juegas?".

El juego, de inventar palabras, transcurre, pero hay dos momentos puntuales en que las preguntas que la acosan encuentran nueva ocasión de decirse. "¿'Is' no es nada?", me pregunta en un momento en que le toca jugar. ("Is", es, en inglés, una voz del verbo ser. Más específicamente la que corresponde a la tercera persona del singular: He is, she is). ¿Qué pregunta Claudia? ¿Acaso si él, o ella, es? Nótese también que el "no es nada" dice de la no existencia a la vez que la afirma en la doble negación, pero corresponde, además, a una fórmula verbal que tiene el sentido de una disculpa.

Muchas veces ha expresado el temor de que el padre hubiera querido que ella no viva, diciéndose a sí misma que ella no tiene la culpa de hacerlo.

Sigue jugando y cuando le digo que va a terminar la sesión, siendo otra vez su turno, me mira y pregunta: " 'Mater' ¿no existe?". Le digo: " 'Mater' es 'madre' en latín".

Natalia juega a armar una casita. En un momento se detiene y me dice: "¿Me ayudas a cambiar la casa?" y "¿Esa es una casa para curar?", señalando un modelo que le parece un hospital y que quiere imitar con sus maderitas. "¿Qué te hace pensar que sea para curar?", le pregunto tratando de obtener más asociaciones.

"Estoy jugando", es todo por respuesta. Y me parece suficientemente rica en condensaciones (cambiar-curar-jugar) como para puntuar esa riqueza sólo con un silencio aprobatorio.

El niño, entonces, juguetea con palabras, palabrea con juegos. Y, en el consultorio del psicoanalista despliega esa aventura —amor de transferencia— en que se re-actualizan demandas, deseos, fantasmas (sostén de los síntomas), en un camino que le permita encontrar un acto nuevo, una palabra nueva que le posibilite una reubicación subjetiva. Sus síntomas, decíamos, formas de elaboración de lo traumático pero al precio de una captura en un narcisismo objetivante que limita sus posibilidades creadoras. El análisis aparece en ocasiones, también para el niño, como la única posibilidad de escuchar-se. Eso. Así. Como un Otro. Y si, como sujeto sujetado a la Ley (castración simbólica) logra ubicarse de manera normativizada en relación a la diferencia de los sexos y a la sucesión en la línea de las generaciones, si acepta la pérdida que implica la renuncia al cuerpo-a-cuerpo con la madre admitiendo ser afectado por la determinación significante, podrá advenir como sujeto deseante en la búsqueda, y a veces la contingencia de un encuentro, de aquello que le es suyo en tanto singularidad.

El trabajo con niños, por la forma concreta que asume la experiencia, nos enfrenta de manera explícita con la pregunta, crucial en todo análisis: Demanda, deseo, ¿de quién? Inevitable para el psicoanalista de niños escuchar a los padres, a veces sólo al inicio de la cura, otras, también en momentos privilegiados de la misma. Singularidad de cada caso. Respecto de esto, una posición ética: ni consejos ni opiniones. A diferentes demandas respondemos con una única manera de escuchar: la escucha analítica, la escucha del inconsciente. El discurso de los padres en análisis se convertirá en posibilidad preeminente para trabajar el lugar del niño como objeto parcial en el fantasma materno. Lugar originario del sujeto, del que inevitablemente deberá ser excluido, por efecto de la palabra paterna.* Sólo así merecerá llamarse sujeto.

Por último, si no es posible no analizar un niño, ¿por qué es tan difícil hacerlo?

* Por deseo materno así como por palabra paterna designamos posiciones subjetivas que no necesariamente se corresponden puntualmente con la madre y/o el padre reales.

CAPÍTULO I

Psicoanálisis de niños, ¿sí o no?
Anna Freud o Melanie Klein

Dos líneas teóricas opuestas dominan el campo del psicoanálisis de niños: la sustentada por quienes siguen los lineamientos kleineanos y aquella otra que reconoce en Anna Freud a su teórica más prominente. Por supuesto esto no cubre el campo total de las prácticas analíticas; deberemos mencionar como figura sobresaliente de la llamada *escuela inglesa* el nombre de Winnicott, así como las reflexiones sobre esta práctica de quienes se ubican en referencia a la enseñanza lacaneana. En este sector, si bien no en forma exclusiva, destacan las figuras de Françoise Dolto y de Maud Mannoni.

Nuestra intención, en este trabajo, es sin embargo limitarnos al análisis de las posiciones annafreudiana y kleineana por considerar que marcan un hito fundamental en la historia del psicoanálisis como por creer que representan las posiciones de más relevancia en las instituciones que, en México, tienen que ver con la transmisión del psicoanálisis y, en particular, del psicoanálisis de niños.

Centraremos nuestro análisis en la confrontación de ambas autoras tomando para ello los textos en que ellas mismas confrontaron, una respecto de la otra, sus diferencias.

Melanie Klein, en 1927, lee ante la Sociedad Psicoanalítica Británica, en mayo 4 y en mayo 18, una ponencia que, en español, aparece publicada bajo el nombre de "Simposium sobre análisis infantil". Este es uno de los artículos que integran el libro que Ediciones Hormé publica en 1964 con el nombre de *Contribuciones al psi-*

coanálisis y que es una recopilación de trabajos que la autora escribió y publicó entre 1921 y 1945.

En nota agregada en 1947 Melanie Klein se encarga de especificar que estas reflexiones representan su contribución a una discusión sobre análisis de niños en la que se prestara especial atención al libro de Anna Freud *Introducción a la técnica del análisis de niños*, publicado en Viena en 1926.

Con relación al texto de Anna Freud nosotros nos hemos basado en la versión española de que disponemos y que es edición, también de Ediciones Hormé, de 1964, aparecida bajo el nombre de *Psicoanálisis del niño*, edición que refiere como primera fecha de publicación de este trabajo el año de 1927 y que comprende, además de una comunicación "Sobre la teoría del análisis infantil" presentada al X Congreso Psicoanalítico Internacional de Innsbruck, cuatro conferencias pronunciadas en el Instituto de Enseñanza de la Asociación Psicoanalítica Vienesa.*

Es a estas conferencias a las que básicamente se remite Melanie Klein.

Esta comienza su trabajo haciendo referencia al desarrollo del análisis de niños y reconociendo su comienzo en el caso que el mismo Freud publicara en el año de 1909 con el nombre de "Análisis de la fobia de un niño de cinco años", conocido por los lectores de habla española como *el caso Juanito*. Según ella, esta publicación fue de la mayor importancia y por dos razones: primero, porque permitió confirmar en la persona de un niño lo que Freud había inferido, sobre la infancia, en sus análisis de adultos neuróticos. En segundo lugar, este análisis sería la "piedra angular del subsiguiente análisis infantil. No sólo mostró la presencia y la evolución

---

* La edición a la que hacemos referencia se completa además con un trabajo publicado por Anna Freud en 1947 que lleva por título "La agresión en relación con el desarrollo emocional, normal y patológico".

del complejo de Edipo en los niños y las
opera en ellos; también mostró que estas t
conscientes podían aflorar a la conciencia s.
con gran provecho". (1)

Como vemos, Melanie Klein intenta ser re
en la práctica que sustenta desde el reconocimie.
supone en Freud y gracias al cual cree poder deba   .s
posiciones de Anna Freud, críticas y poco optimistas respecto de la posibilidad de llevar a cabo un verdadero
análisis con un niño.

A los fines de facilitar la organización de la exposición hemos pensado en sistematizar los distintos tópi-
cos que Anna Freud toca en sus artículos y las correspondientes respuestas que a éstos plantea Melanie Klein.
Posteriormente, plantearemos nuestra propia posición
respecto a esta discusión.

Anna Freud cuestiona la posibilidad de un verdadero análisis con un niño basándose en diferentes aspectos que enunciamos a continuación: Su concepción de
lo que es un niño, a diferencia de un adulto, y las consecuencias que de ello se derivarían, por ejemplo, la incapacidad del niño para establecer lo que ella denomina
la *alianza terapéutica* y la importancia, por lo tanto, de
una etapa preliminar, introductoria para el análisis, de
características pedagógicas. Esta actitud pedagógica, imposible de descartar, se alternaría con la propiamente
analítica en diferentes momentos de la cura y no sólo en
este período de introducción.

Otro aspecto, relacionado con lo que antecede, sería
la importancia que ella le otorga a la figura del analista
como detentadora de poderío y autoridad. La dificultad
del niño para asociar, para dar información acerca de
su historia, de la historia de su enfermedad, de su vida
en general, y la consecuente necesidad de obtener esta
información por medio de otros miembros de la familia,
sería otro de los inconvenientes. La falta de conciencia
de enfermedad y de la representación-fin de que el sujeto se encuentra en análisis y que querría curarse plan-

...ría otra limitación. Anna Freud critica la significación simbólica que Melanie Klein otorga al juego del niño y el hecho de que para ella el juego sea equiparable a la asociación libre. Deberemos considerar cuidadosamente la tesis central de que el niño sería incapaz de establecer una neurosis de transferencia. Por último deberemos atender a su concepción general de la estructuración subjetiva del niño, en particular el papel del superyó, así como las consecuencias de esto para la cura, tanto en lo que se refiere al lugar del analista en la misma como a su idea global de lo que implican las relaciones del paciente, del analista, de ambos, con la realidad. Sin desatender la concepción misma que, de realidad, está en juego en su teorización.

A cada uno de estos aspectos Melanie Klein contesta, cuestiona y rebate la posición de Anna Freud en un intento por sustentar la analizabilidad del niño y, más aún, en su afán de defender no sólo la absoluta pertinencia sino también necesidad de sostener esta práctica, tanto para beneficio de los pacientes como por el aporte que significa para el desarrollo del campo teórico-técnico del psicoanálisis.

Veamos detenidamente cada uno de los aspectos que son objeto de esta discusión.

Pero antes, una aclaración. No desconocemos que la posición de Anna Freud fue variando a lo largo de los años.* La misma Klein, en el artículo a que hacemos referencia, en nota agregada en 1947, reconoce que las diferencias ya no son tan tajantes, que habría un relativo acercamiento de sus posiciones.**

Esto podría implicar que el hecho de tomar publicaciones tan lejanas en el tiempo resultaría un tanto anacrónico y fuera de oportunidad, en particular en lo que se refiere a la obra de Anna Freud. Hemos decidido,

---

* También lo fue la de su oponente.
** ¿Anna Freud se volvió más kleineana o ésta más annafreudiana?

no obstante, centrarnos en estos artículos porque si bien es cierto que sus posiciones fueron en parte modificadas, pensamos que lo central de su concepción teórica sigue guardando una congruencia de fondo con lo conceptualizado en 1927. Pero habría otra razón que consideramos de mayor peso. En nuestro medio existe una variedad de terapeutas que ejercen distintas técnicas que englobaríamos, a falta de saber cómo nombrarlas, bajo la denominación de *psicología clínica* y que, lo sepan o no, sea o no reconocido, tienen como sustrato teórico, si bien en muchos casos de manera ambigua, confusa o informulada, una concepción que guarda parentesco con lo planteado por Anna Freud. (Y, como demostraremos más adelante, con aquellos aspectos de la obra kleineana en los que, a pesar de ella misma, se emparenta su teoría con la que pretende rebatir.)

Este solo hecho justifica para nosotros la actualidad de esta discusión, pese a lo que podrían sugerir cincuenta años de distancia.

Anna Freud comienza planteando la divergencia de la mayoría de los analistas vieneses con las posiciones de Melanie Klein en relación a las ventajas del análisis como contribución al desarrollo de todo niño normal. Según la autora, la posición, en Viena, sería la de que éste (el análisis) sólo se justifica frente a una verdadera neurosis infantil. Más aún, dice: "...en términos generales, creo que la labor con los niños da la impresión de que el análisis es, a veces, un recurso difícil, costoso y complicado; que en algunos casos se hace con él demasiado, y en otros —los más numerosos— el análisis genuino no rinde, ni mucho menos, lo suficiente. Tratándose de niños, es posible que necesite ciertos cambios y modificaciones o que sólo sea aplicable con determinadas medidas de precaución, al punto que quizá convenga contraindicarlo cuando no exista la posibilidad técnica de respetarlas." (2) Y más adelante: "La técnica especializada del análisis del niño —en cuanto técnica especializada— puede deducirse de una regla muy simple: la de que el adulto es, por lo menos en gran medida, un ser maduro e independiente; el niño, en cambio, un ser inmaduro y dependiente. Es natural que ante objetos tan dispares el método tampoco pueda ser el mismo. Muchos de sus elementos, importantes y esenciales en el primer caso, en el adulto, pierden importancia en la nueva situación; se desplaza también el papel de los distintos recursos, y lo que allí es una intervención necesaria e inofensiva, quizá se convierta aquí en una medida peligrosa." (3)

En relación a lo que motivaría una consulta, se expresa de la siguiente forma: "Por dificultades cualesquiera, una persona se siente perturbada en su propia intimidad, en su trabajo o en el goce de la vida; por cualquier motivo llega a confiar en las virtudes del análisis o de un analista determinado, resolviéndose a buscar su curación por tal camino." (4) Y, si bien es cauta respecto a un exceso de confianza en la confianza del paciente, no deja de afirmar: "Por fin, la confianza en el análisis y en el analista no siempre es grande; pero, con todo, se da en este caso la situación deseable e ideal para el tratamiento, de que el paciente establezca con el analista una alianza espontánea contra una parte de su propia vida psíquica. Naturalmente, en el caso del niño jamás nos encontramos con tales circunstancias."(5) Sin embargo considera que es posible lograr las indispensables conciencia de enfermedad, resolución espontánea y voluntad de curarse infundiendo en los niños confianza en el análisis, en el analista y convirtiendo en interior lo que sería exterior en cuanto a la decisión de analizarse por medio de "...un período de introducción que no necesitamos en el tratamiento del adulto." (6)

Melanie Klein responde a estas ideas annafreudianas

señalando en primer término cómo su interlocutora sigue, en este sentido, las ya expresadas por H. Hug-Hellmuth quien, a pesar de haber emprendido el análisis sistemático de niños, mantuvo ciertos preconceptos que la llevaron a afirmar su desaprobación del análisis de niños muy pequeños así como a sostener que, en el análisis de niños en general, debía uno contentarse con la obtención de "...'éxitos parciales' sin penetrar demasiado profundamente en el análisis de los niños por temor a estimular con demasiada fuerza las tendencias e impulsos reprimidos, o por temor a hacer exigencias a las que su capacidad de asimilación no podría responder." (7)

No escapa a Klein el hecho de que, si el análisis es o no posible y cuán lejos pueda éste ser llevado, no son sino maneras de referirse a si es posible explorar lo relativo al complejo de Edipo. Obviamente tanto Hug-Hellmuth como Anna Freud se inclinan por creer que esto no sería conveniente, así como por pretender, solidariamente con esta idea, una combinación de la actitud analítica con influencias educativas, posición que Klein decididamente considera desfavorable para el desarrollo del análisis. Dice, en relación a este punto: "Ya en 1921 cuando publiqué mi primer artículo: 'El desarrollo de un niño', yo había llegado a conclusiones muy distintas. En mi análisis de un niño de cinco años y tres meses encontré (como todos mis posteriores análisis me lo confirmaron) que era perfectamente posible e incluso saludable, explorar el complejo de Edipo hasta sus profundidades, y que en esta tarea se podían obtener resultados por lo menos iguales a los obtenidos en los análisis de adultos. Además de esto descubrí que en un análisis de este tipo no sólo era innecesario que el analista se empeñara en ejercer influencia educativa sino que ambas cosas eran incompatibles." (8) Klein se pregunta, además, por la razón de estas posiciones que, según ella, han sido poco afortunadas para el desarrollo del psicoanálisis de niños. Se responde: "Creo que el análisis de niños, comparado con el de adultos, se ha desarrollado en el pasado de manera mucho menos favorable porque no fue encarado con un espíritu de investigación libre y desprejuiciado, como lo fue el de adultos, y en cambio estuvo trabado y entorpecido por varios preconceptos." (9) Algunos de ellos: "Se dice que la conducta del niño en el análisis es evidentemente distinta de la del adulto, y que por consiguiente es necesario emplear una técnica diferente. Creo que este argumento es incorrecto... la actitud, la convicción interna, encuentra la técnica necesaria... si emprendemos el análisis de niños con la mente abierta, podemos descubrir caminos y medios para explorar las profundidades más recónditas. Y por los resultados de estos procedimientos podremos darnos cuenta de cuál es la *verdadera naturaleza* del niño, y veremos que no es necesario imponer restricción alguna al análisis, tanto en lo que respecta a la profundidad de su penetración como en lo que respecta al método con el que trabajamos." (10)

Con respecto al método, Klein es inequívoca: sólo puede establecerse una verdadera situación analítica con medios analíticos. Es esta convicción lo que la lleva a denunciar un razonamiento falaz en los planteos annafreudianos: "Todos los medios que juzgaríamos incorrectos en el análisis de adultos son especialmente señalados por Anna Freud como valiosos en el análisis de niños; su objetivo es la introducción al tratamiento que estima necesaria y que llama la 'entrada' en el análisis. Parecería obvio que después de esta 'entrada' jamás logrará establecer una verdadera situación analítica." (11)

Parece bastante obvio, por lo citado hasta ahora, la polarización de dos posiciones: Anna Freud insistiendo en las diferencias entre los adultos y los niños y concluyendo, por tanto, una diferencia de método en el tratamiento de unos y otros; acentuando, por el momento, la conveniencia de no profundizar excesivamente en el análisis de los segundos y la necesidad de esta *etapa introductoria* en el análisis, que, aunque aún no lo hemos explicitado suficientemente, veremos por las citas que incluiremos más adelante, su relación con una actitud de tipo pedagógica. Melanie Klein, por su parte, sostiene una posición opuesta: no sólo para ella es posible y necesario el análisis, en el verdadero y estricto sentido de la palabra, aplicable a niños, sino que adelanta una suerte de *interpretación* del porqué de las conclusiones de A. Freud. Según sus propias palabras, Anna Freud encuentra en sus investigaciones el mismo punto del que parte, esto es, supone que no se puede analizar a un niño (este es el prejuicio que denuncia Klein), propone por lo tanto técnicas y métodos de orden no analítico y, por consiguiente... encuentra que no se puede analizar niños. Pero Klein va más allá en su crítica, explicitando que la posición opuesta a la de ella se sostiene en coherencia con una concepción, que obviamente ella considera errónea, gracias a la cual se confunde el objeto del análisis, se pierde de vista que éste trabaja con el inconsciente, no con la conciencia o el yo. Es este desplazamiento en el objeto lo que permitirá dar cuenta de las conclusiones a las que se llega, las que, sólo en este cambio de mira, resultan coherentes. Veamos concretamente qué dice Klein al respecto: "Anna Freud se desvía en tantos aspectos de las reglas analíticas comprobadas porque piensa que los niños son seres muy distintos de los adultos. Sin embargo el único propósito de estos elaborados recursos es que la actitud del niño hacia el análisis sea como la del adulto. Esto parece ser contradictorio y creo que debe ser explicado por el hecho de que en sus comparaciones Anna Freud coloca el consciente y el yo del niño y del adulto en primer plano, cuando indudablemente nosotros debemos trabajar en primer lugar y sobre todo con el inconsciente (aunque acordamos todas las consideraciones necesarias al yo). Pero en el inconsciente (y aquí baso mi afirmación en el trabajo analítico profundo tanto con niños como con adultos), los niños no son de ninguna manera fundamentalmente distintos de los adultos." (12)

Creemos que aquí está expresada la tesis central, esto es, esta diferencia esencial de concepción marcará y determinará las respectivas conclusiones, y, por lo tanto, las respectivas diferencias de ambas autoras. Veremos más adelante, sin embargo, y según la posición sostenida por nosotros, cómo estas diferencias, a pesar de lo tajantes que puedan parecer, siguen planteándose a nivel de lo manifiesto. (Nos referimos a lo manifiesto de la teoría, aplicándole a ella, la teoría, los propios conceptos y herramientas que ha producido.) Pero por ahora deberemos seguir los pasos de esta discusión.

Habíamos llegado al punto en que Klein afirma que, en tanto ella trabaja con el inconsciente, Anna Freud coloca, como objeto de su trabajo, lo consciente y el yo. Y sigue Klein su discusión cuestionando esta *etapa introductoria* del análisis que defiende A. Freud. Dice: "No adjudico particular valor a la meta que Anna Freud persigue tan ardientemente: inducir en el niño una actitud hacia el análisis análoga a la del adulto. Creo además que si Anna Freud efectivamente alcanza esta meta por los recursos que describe (y esto sólo puede ocurrir con un número limitado de casos) el resultado no es el que pretende con su trabajo, sino algo muy distinto. El conocimiento de la enfermedad o del portarse mal que ha logrado despertar en el niño emana de la angustia que para sus propios fines ha movilizado en él: la angustia de castración y el sentimiento de culpa. (No entraré aquí en el problema de hasta qué punto también en los adultos el razonable y consciente deseo de curarse no es simplemente una fachada que encubre esta angustia.) Con los niños no podemos esperar encontrar ninguna base definitiva para nuestro trabajo analítico en un propósito consciente que, como sabemos, ni siquiera en los adultos se mantendría por mucho tiempo como único sostén del análisis." (13)

Vemos que Klein es más coherente con los postulados freudianos al plantear como central el problema de la angustia de castración y el valor de su papel en la cura. Anna Freud, en cambio, planteará esta indispensable *etapa introductoria* porque confía, desde una posición que parece desconocer todo el desconocimiento que implican el yo y la conciencia, en los *buenos y nobles propósitos conscientes*, siendo esta etapa introductoria un recurso para garantizarse la colaboración del paciente, la *alianza terapéutica* gracias a la toma de conciencia de los beneficios del análisis. Es en este sentido que la misma Anna Freud se refiere a todos los recursos que utiliza como *pedagogía*, en el sentido en que el niño debe *aprender* todas las ventajas que implica su aceptación a colaborar con el analista. Y parece bastante obvia la relación entre esta posición de educador y la importancia, que la autora expresa de manera explícita, de que el analista sea una figura de poder y autoridad. (No se necesita mucha experiencia en la práctica del análisis para saber que la adhesión consciente a los objetivos analíticos no pasa de ser una ilusión encubridora, las más de las veces, y por muy paradójico que pueda parecer a oídos inexpertos, fuente de todo tipo de resistencias.) Respecto al poder y la autoridad dice Anna Freud: "En efecto, también al neurótico adulto... procuramos mostrarnos interesantes y útiles. Pero aquí intervienen asimismo los factores del poderío y de la autoridad exterior, pues la práctica demuestra que el analista experto y afamado retiene a sus enfermos mucho más fácilmente que el principiante, y evita que se le 'escapen' al comenzar el análisis; y, además, no tropieza en las primeras sesiones con una transferencia negativa de tal intensidad, con expresiones de odio y desconfianza tan violentas como las que éste debe sufrir. Solemos explicar tales diferencias atribuyéndolas a la escasa experiencia del joven analista, a su falta de tacto en la actitud frente al paciente, a su precipitación o a su excesiva prudencia en las interpretaciones." (14) Sí, de esto se trata. La autora, por el contrario, opina: "Sin embargo, creo que aquí deberíamos tomar en consideración, justamente, el factor de la autoridad externa." (15)

Melanie Klein contesta a estos puntos sobre el final de su contribución: "En esta segunda parte de mi artículo mi intención era demostrar que es imposible combinar en la persona del analista la tarea analítica y educativa, y esperaba mostrar por qué es así. Anna Freud misma describe estas funciones (pág. 82)* como 'dos tareas difíciles y contradictorias'. Y dice nuevamente: 'analizar y educar, o sea permitir y prohibir al mismo tiempo, liberar y atar nuevamente'. Puedo resumir mis argumentos diciendo que una actividad anula la otra. Si el analista incluso temporariamente se torna representante de agentes educativos, si asume el rol del superyó, bloquea en ese punto el camino de los impulsos instintivos a la conciencia: se vuelve un representante de los poderes represores. Avanzaré un poco más y diré que según mi experiencia, lo que debemos hacer con los niños tanto como con los adultos es, no simplemente establecer y mantener la situación analítica con todos los medios analíticos y abstenernos de toda influencia educativa directa, sino, más aún, que el analista de niños debe tener la misma actitud inconsciente que pedimos al analista de adultos, si ha de tener éxito. Esto lo debe capacitar para querer realmente sólo analizar, y no desear moldear y dirigir la mente de sus pacientes. Si la angustia no se lo impide, podrá esperar con calma la evolución del resultado correcto, y de este modo se alcanzará este resultado. Si lo hace, además, demostrará la validez del segundo principio que expongo en oposición a Anna Freud, a saber: que debemos analizar completamente y sin reservas la relación del niño con sus padres y su complejo de Edipo." (16)

Otro tema motivo de diferencias: los medios o recursos para llevar a cabo un análisis.

Anna Freud enumera cuatro: los recuerdos conscientes, la interpretación de los sueños, las asociaciones li-

* No corresponde a la edición sobre la que estamos trabajando.

32

bres y las reacciones transferenciales. A excepción de los sueños, encuentra grandes diferencias entre adultos y niños en cuanto a su posibilidad de utilización de estos recursos.

Veamos: "Al reconstruir la historia clínica del enfermo, basándonos en sus recuerdos conscientes, tropezamos con una primera diferencia. Como es sabido, en el adulto evitamos recurrir a la familia en busca de cualquier información y confiamos exclusivamente en los datos que él mismo pueda ofrecernos." (17) Más adelante: "El niño, en cambio, poco puede decirnos sobre la historia de su enfermedad. Su memoria no llega muy lejos, mientras el análisis no haya acudido en su auxilio." (18) Y: "Así, el analista de niños recurre efectivamente a los padres de sus pacientes para completar la historia, no quedándole más recurso que el tomar en cuenta todas las posibles inexactitudes y deformaciones surgidas de motivos personales." (19)

La posición de Klein al respecto es que, si aceptamos acceder al análisis por medios exclusivamente analíticos,* esto es, por medio del análisis de la transferencia, en sus vertientes positiva y negativa, se vuelve carente de significación la falta de este recurso. Es que en realidad, el análisis de la transferencia, volvería, según ella, poco importante el hecho o no de la obtención de información *objetiva* sobre la *realidad*. Leemos en la página 143: "...indudablemente podemos trabajar con mayor seguridad y más eficacia con medios puramente analíticos. No todos los niños reaccionan ante nosotros con miedo y desagrado. Mi experiencia me apoya cuando digo que si un niño tiene hacia nosotros una actitud amistosa y juguetona se justifica suponer que hay transferencia positiva, y utilizarla inmediatamente en nuestro trabajo. Y tenemos otra excelente y bien probada arma que usamos de manera análoga a como la em-

* Veremos más adelante que no compartimos totalmente la interpretación kleineana de lo que serían métodos analíticos.

pleamos en el análisis de adultos, aunque es cierto que allí no tenemos una oportunidad tan rápida y simple de intervenir. Quiero decir que *interpretamos* esta transferencia positiva, o sea que tanto en el análisis de niños como en el de adultos la retrotraemos hasta el objeto de origen. Probablemente notaremos por lo general a la vez la transferencia positiva y la negativa, y se nos darán todas las oportunidades para el trabajo analítico si desde el comienzo manejamos ambas analíticamente. Al resolver parte de la transferencia negativa obtendremos, igual que en los adultos, un incremento de la transferencia positiva, y de acuerdo con la ambivalencia de la niñez, ésta será pronto seguida de una nueva emergencia de la negativa. Este es ahora verdadero trabajo analítico y se ha establecido una verdadera situación analítica. Además, tenemos establecida ya la base para trabajar con el niño mismo, y a menudo podemos ser en gran medida independientes del conocimiento de su ambiente." (20)

Como es evidente según la cita que antecede, información para Klein está lejos de referirse a datos sobre la vida, la historia de la enfermedad o el ambiente del paciente. Para ella, información en todo caso es información transferencial, esto es, la que provee la relación con el paciente mismo acerca de la historia de lo que ella y sus seguidores conceptualizarán más tarde como la historia de sus relaciones objetales, así como las vicisitudes de la estructuración de las posiciones esquizoparanoide y depresiva, y la relación entre ambas. Esto no está aún conceptualizado como tal en este trabajo de 1927 pero sí podemos afirmar que la posición por la cual la información de una supuesta historia objetiva no merece mayor atención ya está aquí plenamente sustentada en esta jerarquización otorgada al análisis de la transferencia.

Hay un punto en el que las dos autoras coinciden: lo referente al análisis de los sueños. Ambas afirman la capacidad del niño para captar este análisis. Anna Freud dirá: "Pero nada más fácil de hacerle comprender a un niño, que precisamente la interpretación de los sueños." (21) Y más adelante: "...hasta los niños menos inteligentes, absolutamente ineptos para el análisis en cualquier otro sentido, jamás fracasan al interpretar sus sueños..." (22)

Tomando estos mismos fragmentos que acabamos de citar, Klein, quien obviamente acuerda con A. Freud en este punto, avanzará hacia el planteo de las diferencias entre ambas en relación al tercero de los recursos enumerados: las asociaciones libres. Dirá, en relación a esta ineptitud que A. Freud supone en determinados niños: "Creo que estos niños no hubieran sido de ninguna manera tan ineptos para el análisis si Anna Freud hubiera utilizado, tanto de otras formas como de la interpretación de los sueños, la comprensión del simbolismo que manifestaban tan claramente. Porque en mi experiencia he encontrado que si se hace esto, ningún niño, incluso el menos inteligente, es inepto para el análisis." (23)

Es que Anna Freud, al señalar la incapacidad del niño para respetar la regla de la asociación libre ha criticado a Klein en su tesis de que el juego podría ser equiparable a la asociación, así como en la importancia que le otorga al simbolismo en la interpretación de la actividad lúdica. Dice: "No cabe duda que la técnica de juego elaborada por Melanie Klein tiene sumo valor para la observación del niño." (24) Pero más abajo: "Sin embargo, al aplicar su técnica Melanie Klein aún da un importante paso más. Pretende que todas estas asociaciones lúdicas del niño equivalen exactamente a las asociaciones libres del adulto y, en consecuencia, traslada continuamente cada uno de estos actos infantiles a la idea que le corresponde, es decir, procura averiguar la significación simbólica oculta tras cada acto del juego." (25) Basará su crítica en lo siguiente: "...examinemos una vez más la justificación de equiparar estos juegos del niño con las asociaciones del adulto. Evidentemente, éstas son 'libres', o sea que el paciente ha excluido toda orientación e influencia consciente sobre el curso de sus pensamientos, pero, sin embargo, están regidas al mismo tiempo por determinada representación final: la de que él, el sujeto que las asocia, se encuentra en análisis. El niño, en cambio, carece de esta representación final." (26) Y, equivocadamente, según explicitaremos más adelante, pretende justificar su desacuerdo: "He aquí, pues, un argumento contrario a la equiparación que establece Melanie Klein, pues si las asociaciones lúdicas del niño no están regidas por las mismas representaciones finales que las del adulto, quizá tampoco se tenga derecho a tratarlas siempre como tales, y en lugar de corresponderles invariablemente una significación simbólica, podrían aceptar a veces explicaciones inocentes." (27)

Ya transcribimos un poco más arriba la cita en que Klein cuestiona el prejuicio acerca de la ineptitud de los niños para el análisis haciendo referencia a la comprensión de los mismos respecto del simbolismo. Efectivamente, ahí donde reconoce que los niños no pueden dar, y no dan, asociaciones de la misma manera que los adultos, considera al juego, en su expresión de un simbolismo, como un equivalente de la asociación considerando legítima su interpretación. Pero se rehúsa a aceptar que el uso que ella hace de esta interpretación sea tan lineal y simplista como pretende su oponente. Se defiende: "En el capítulo III Anna Freud presenta una serie de argumentos teóricos en contra de la técnica de juego que yo he ideado, por lo menos mientras se aplique a los fines del análisis y no meramente de la observación. Cree dudoso que uno esté justificado para interpretar como simbólico el contenido del drama representado en el juego del niño, y piensa que muy probablemente éste sea ocasionado simplemente por observaciones reales o experiencias de la vida diaria. Aquí debo decir que por las ilustraciones de Anna Freud sobre mi técnica puedo ver que la entiende equivocadamente. 'Si un niño tumba un poste de farol o una figura, ella (Melanie Klein), probablemente interpreta esta conducta como debida a tendencias agresivas hacia el padre, mientras que si un niño hace chocar dos carros lo interpreta como signo de la observación del coito entre los padres.' Jamás aventuraría yo una interpretación simbólica tan 'silvestre' del juego de niños. Por el contrario he recalcado esto muy especialmente en mi último artículo. Suponiendo que un niño exprese el mismo material psíquico en numerosas repeticiones —a menudo por varios medios, por ejemplo juguetes, agua, recortando, dibujando, etc.—, y suponiendo que además yo pueda observar que estas particulares actividades están casi todas acompañadas por un sentimiento de culpa expresado ya sea por angustia o en representaciones que implican sobrecompensación, que son la expresión de formaciones reactivas —suponiendo que yo haya logrado *insight* en ciertas conexiones: entonces interpreto estos fenómenos y los enlazo con el inconsciente y con la situación analítica. Las condiciones prácticas y teóricas para la interpretación son precisamente las mismas que en el análisis de adultos." (28)

Queda claro, con la cita transcripta, la opinión kleineana respecto al juego, su relación con el simbolismo y la consecuente posibilidad de una interpretación analítica del mismo. Nuestra opinión no es exactamente coincidente con la kleineana en el sentido de que su concepción general de la estructuración del sujeto no es la nuestra. De esta diferencia se concluirán concepciones diferentes acerca de qué se entiende por análisis, cuáles los elementos a que atender en la escucha (es evidente el acento puesto por ella, central en su concepción, a la noción *sentimiento de culpa*), el papel de lo que se denomina como simbolismo, cómo pensamos la interpretación, para nombrar, por el momento, algunos de los puntos de nuestra diferencia. Sin embargo, en la discusión Anna Freud-Melanie Klein nos parece que la segunda se encuentra más cerca de, al menos intento, cernir el objeto psicoanalítico. Es en esta línea que nos parece interesante transcribir una cita que vale por la lucidez que a veces Klein demuestra en su acercamiento a la clínica. En relación al problema de las posibilidades del niño en cuanto a asociar libremente destaca: "Quiero agregar aquí que probablemente lo principal es que los niños *no pueden* asociar, no porque les falte capacidad para poner sus pensamientos en palabras (hasta cierto grado esto sólo se aplicaría a niños muy pequeños) sino porque la *angustia* se resiste a las asociaciones verbales." (29) Aquí, pensamos, habla Melanie Klein, psicoanalista.

Antes de pasar a revisar lo relativo al tema "la neurosis de transferencia en el niño", quisiéramos comentar un punto señalado por A. Freud que nos parece que Klein no destaca suficientemente. La primera refiere, como parte de su crítica a la equiparación del juego y la asociación libre, y la consecuente interpretación del primero, la falta en el niño de lo que ella denomina representación final de que éste se encuentra en análisis. Si no entendemos mal, con el término representación final, se estaría aludiendo a un concepto freudiano que nos parece un poco más complejo que lo que sugiere la ilustración de la autora. Por lo pronto, por representación final se designa lo que orienta el curso de los pensamientos pero no sólo, ni mucho menos exclusivamente, a nivel consciente. Representación final alude también a pensamientos preconscientes e inconscientes. Esto, que valga como precisión teórica. Pero, más importante aún, la representación final consciente de que el sujeto se encuentra en análisis no nos parece ser la que rige el proceso de la asociación libre. El habla del sujeto en análisis encuentra su fundamento en otro lugar.*
Por otra parte, si así no fuera, ¿cómo pensar que el niño, por el hecho de serlo, carecería de esta representación? ¿O es que Anna Freud cree que por representación final de que se está en análisis debe entenderse una concep-

---

* Esto será desarrollado en el próximo capítulo.

ción clara, objetiva y científica de lo que análisis significa? ¿Es acaso la adhesión intelectual y la compenetración con sus postulaciones lo que da cuenta de que alguien se analice o no? Si creyéramos esto deberíamos dar un curso de introducción al psicoanálisis a cada uno de nuestros pacientes antes de iniciar el proceso de la cura.

Por fin, la discusión entre ambas alrededor del tema de la neurosis de transferencia. Para empezar, Anna Freud habla de la transferencia como de "reacciones transferenciales",(30) refiriéndose más adelante a ésta como "*la función de la transferencia como recurso técnico auxiliar en el análisis del niño*",(31) con lo cual nos parece que se minimiza el alcance teórico del concepto. La transferencia quedaría planteada no en su valor intrínseco a la constitución del inconsciente, en una articulación teórica que daría cuenta de la imposibilidad de pensar un concepto sin el otro, sino que su ubicación teórica quedaría relegada al carácter de un mero atributo, de una cualidad. En este contexto, o sea aquel por el cual no se profundiza el verdadero alcance y consecuencias del concepto, discuten ambas autoras. Hay, no obstante, diferencias entre ellas; Anna Freud insistiendo en que, en análisis de niños, la exigencia de una vinculación amorosa, cariñosa con el analista (la transferencia positiva) es imperativa, y esto por el objetivo de tipo pedagógico que, además del analítico, perseguiría el tratamiento. Esto la lleva a justificar todas las piruetas manipuladoras que ejerce en los análisis para garantizarse el apego del niño evitando, en lo posible, todas las manifestaciones que caerían bajo el rubro de la transferencia negativa. Pero más importante aún es su idea de que, en última instancia, habrá manifestaciones transferenciales pero no se llegará a formar una verdadera neurosis de transferencia. Y esto por dos razones: una atribuible a la misma estructura infantil, la otra atribuible al analista. Según la autora: "El pequeño paciente no está dispuesto, como lo está el adulto, a reeditar sus vinculaciones amorosas, porque, por así decirlo, aún no ha agotado la vieja edición. Sus primitivos objetos amorosos, los padres, todavía existen en la realidad y no sólo en la fantasía..." (32) Una vez más, no podemos dejar de expresar nuestro desacuerdo. Esta idea de neurosis de transferencia nos parece que empobrece notablemente la riqueza del concepto freudiano. Y no se limita a este punto en la medida en que esta conceptualización de la transferencia es solidaria con una idea de objeto ("sus primitivos objetos amorosos"), de sujeto ("el pequeño paciente") y de realidad ("los padres, todavía existen en la realidad") * con la que desacordamos absolutamente. ¿Dónde quedó el concepto de realidad psíquica que Freud se ocupara de desarrollar en "La Interpretación de los sueños"? ¿A qué quedó reducida esa complejidad en la constitución de la relación sujeto-objeto que Freud intentara aprehender, por citar uno entre otros, en un texto, tan rico como difícil, como es el de "Pulsiones y destinos de pulsión"?

Todo lo que vamos puntuando tiene una coherencia que le es intrínseca y se expresará consecuentemente en cada uno de los puntos a abordar. Así, cuando se refiere Anna Freud a la segunda razón por la cual no se constituiría una verdadera neurosis de transferencia, aquella que tiene su justificación en el analista. Dice: "Pero, por otra parte, el analista de niños no es muy apropiado como objeto ideal de una transferencia fácilmente interpretable. Sabemos cómo nos conducimos en el análisis de un adulto para asegurarle esa finalidad, procurando ser impersonales y nebulosos, verdaderas hojas en blanco en las que el paciente pueda registrar todas sus fantasías transferenciales, como en el cinematógrafo se proyecta una imagen sobre la pantalla vacía." (33) "Pero el analista de niños puede serlo todo menos una sombra." (34) Entendemos a qué, a nivel de lo descriptivo, se refiere Anna Freud. Pero nosotros creemos que debe ser otro el punto

* Referencias, las tres, a la cita (31).

de mira para definir la posición del analista y, desde ese otro punto de mira, la llamada *neutralidad* del analista tendrá otra referencia. Retomaremos estas ideas un poco más adelante. Por el momento querríamos dejarle la palabra a Klein, quien dice: "El análisis de niños muy pequeños me ha mostrado que incluso un niño de tres años ha dejado atrás la parte más importante del desarrollo de su complejo de Edipo. Por consiguiente está ya muy alejado, por la represión y los sentimientos de culpa, de los objetos que originalmente deseaba. Sus relaciones con ellos sufrieron distorsiones y transformaciones, por lo que los objetos amorosos actuales son ahora *imagos* de los objetos originales." (35) Y con respecto a la neutralidad del analista: "Su actividad (la del analista) es sólo aparente, porque aun cuando se vuelque completamente en todas las fantasías en el juego del niño, conforme a los modos de representación peculiares de los niños, está haciendo exactamente lo que el analista de adultos, quien, como sabemos, también sigue de buen grado las fantasías de sus pacientes. Pero fuera de esto, yo no permito a los pacientes infantiles ninguna gratificación personal, ya sea en forma de regalos o caricias, o de encuentros personales fuera del análisis, etcétera." (36)

Klein justifica así su idea de que en los niños aparecería una plena neurosis de transferencia y que es el manejo de la misma uno de los factores principales en el trabajo analítico, siendo su resolución uno de los signos de la conclusión satisfactoria de un análisis. Considera así que, al dejar Anna Freud de lado la mayor parte de las reglas analíticas, la transferencia se convierte en un concepto incierto y dudoso. No entiende el porqué de intentar demoler o modificar la transferencia negativa en lugar de manejarla analíticamente; considera además que, al no analizarla sino, por el contrario, estimular la alianza incondicional del niño con el analista, ésta (la transferencia negativa) se dirigirá, con mayor razón y mayor fuerza, contra quienes comparten la cotidianeidad del niño, o sea, los padres. Dice Melanie Klein que las premisas y conclusiones en la teorización annafreudiana se mueven en un círculo. Y creemos que tiene razón, porque mientras por un lado Anna Freud plantea la imperiosa necesidad de que el analista sea un guía, un factor de poder y autoridad, se gane la alianza del niño, se ubique, para decirlo en términos más rigurosos, en el lugar del ideal del yo, esto es, ocupe el lugar que nuestra sociedad tiene reservado a los padres (o sus equivalentes), o sea, los desplace, después se muestra temerosa y reacia a analizar el rechazo, los impulsos hostiles del niño hacia las figuras edípicas.

Cuando afirma: "...*es preciso que el analista logre ocupar durante todo el análisis el lugar del ideal del yo infantil* y no iniciar su labor de liberación analítica antes de cerciorarse de que podrá dominar completamente al niño. Aquí es donde adquiere toda su importancia la posición de poderío... Sólo si el niño siente que la autoridad del analista sobrepasa la de sus padres, estará dispuesto a conceder a este nuevo objeto amoroso, equiparado a sus progenitores, el lugar más elevado que le corresponde en su vida afectiva." (37) ¿Cómo sostiene después que ella no debe intervenir entre el niño y los padres y que sería peligroso hacerle consciente al niño su oposición a ellos si ha estado planteando que se debe ocupar el lugar del ideal del yo, si define el análisis como ordenador de la vida del otro según la moral adecuada, la del analista? Anna Freud considera que son los padres o educadores los responsables de la neurosis del niño, es por esto que el analista debe ocupar ese lugar para corregir esta desmesura. ¡Claro, después se encuentra en el brete de cómo asumir tamaña responsabilidad como es la de enfrentar al niño con sus objetos de amor! Conclusión: el análisis no puede ser llevado demasiado lejos, sería peligroso. Pero no es el análisis lo que no debe ser llevado demasiado lejos. Es esta posición la que no debería llevarse ni demasiado lejos ni demasiado cerca. Melanie Klein es absolutamente clara en este punto: "Porque sabemos que el complejo de Edipo es el complejo nuclear de la neurosis; por lo tanto si el análisis evita analizar este complejo, tampoco puede resolver la neurosis." (38) Que el complejo de Edipo sea el complejo nuclear no quiere decir para nada que los padres sean responsables de la neurosis de su hijo. Que los fantasmas paternos estén interesados en la constitución de la neurosis del niño, esto es obvio en la medida en que todo sujeto se constituye en relación a otros, y los padres ocupan un lugar indiscutible en esta constitución en cuanto ellos ejercen, en la realidad, determinadas funciones que hacen a la constitución de la subjetividad de su hijo. El complejo de Edipo es una estructura en la que todos están inmersos, el niño como sus padres, y analizar la estructura edípica quiere decir analizar los fantasmas que sustentan a todos los interesados, pero en tanto están interesados como sujetos deseantes, no como figuras de poder o sometimiento. Padre, madre, hijo, en la estructura edípica, nombran posiciones del deseo, o, dicho de otra manera, nombran posiciones de la subjetividad. Analista, nombra también una posición particular en relación al deseo y no la detentación de la garantía de que se es y se debe ser el ideal del yo para el otro (en este caso el analizante). Melanie Klein no llega tan lejos como esto pero sin embargo aclara: "...yo jamás intento predisponer al niño en contra de los que lo rodean. Pero si sus padres me lo han confiado para que lo analice, ya sea para curar una neurosis o por otras razones, creo que estoy justificada al tomar la línea que me parece la más ventajosa para el niño y la única posible. Quiero decir la de analizar sin reservas su relación con los que lo rodean, y por lo tanto, en especial con sus padres, hermanos y hermanas." (39)

Con estas últimas citas hemos estado rodeando lo que resumiría ambas posiciones. Una, la idea de que la neurosis y la represión se generan por acción de agentes externos, en este caso, la desmesurada exigencia de padres y educadores. Esto implica una idea global de que habría que corregir una supuesta realidad deformadora de una, también supuesta, constitución normal, no neurótica. De ahí, la importancia del papel no sólo analítico sino también educativo del analista a quien explícitamente se le propone ocupar el lugar del ideal del yo según la idea de que en el niño esta función no estaría suficientemente garantizada.*

Analista educador al que se corresponde un analizante inmaduro, dependiente aún de sus primitivos objetos amorosos a quienes sería peligroso cuestionar mediante el análisis del complejo de Edipo. Imposibilitado de constituir una neurosis de transferencia, el niño, incapaz también de dar información veraz y confiable sobre su historia, sometería al análisis a permanentes referencias externas al mismo. Todos estos elementos configuran una situación por la cual no sería posible defender la posibilidad de sostener un verdadero análisis con un niño.

Por lo contrario, Melanie Klein defiende la posibilidad de analizar niños. Cree que en el inconsciente éstos no son diferentes de los adultos, por eso sostiene la factibilidad de analizar el complejo de Edipo centrando el análisis en el de la transferencia (positiva y negativa), lo que vuelve totalmente secundaria la obtención o no de los datos de la realidad. Se opone terminantemente a que el analista resigne su lugar analítico convirtiéndose en educador ya que considera absolutamente pernicioso el objetivo de reforzamiento del superyó. Según ella, éste, a diferencia del yo, no está radicalmente influido por el desarrollo posterior, acercándose al del

* Algo de esto es cierto sobre todo en lo que atañe a niños muy pequeños. De esto se derivarían diferencias en el abordaje clínico, incluso preguntas válidas acerca del alcance y objetivos del análisis en sujetos que se inauguran como hablantes. Pero nunca justificaríamos conclusiones como las annafreudianas. En todo caso, nos interrogamos acerca de cómo *Eso habla* en niños muy pequeños.

adulto en forma estrecha, siendo la instancia que, en sus excesos (¡el superyó y no los padres ni los educadores!) de exigencias, sería en parte responsable de la neurosis. De ahí su idea de que, en lugar de reforzarlo, la consecuencia del análisis debería ser la de volverlo más permisivo, suavizarlo, consecuencia que resulta de la profundización del análisis del complejo de Edipo.

Hasta aquí, el diálogo Anna Freud-Melanie Klein. Ya hemos adelantado algunas de nuestras diferencias con la posición que sustenta la primera: nuestras diferencias con su idea de sujeto, justifican, consecuentemente, todas las demás, referidas a detalles de su concepción teórica. Anna Freud, veíamos, comienza planteando que los niños (sujeto = individuo) son seres inmaduros y dependientes. De ahí la conclusión de la inevitabilidad de posiciones de tipo pedagógico en análisis, la imperiosidad para el analista de ocupar el lugar del ideal del yo, la concepción de la cura como identificación y, más aún, alianza con el analista, detentador de la norma. La idea de inmadurez y dependencia, como bien señala Klein, sólo se justifica si es el yo el objeto de nuestra escucha. Aunque redundante, queremos remarcar nuestro desacuerdo con este criterio. Desde un desacuerdo tan radical es evidente que todos los conceptos de la teoría estarán sujetos a interpretaciones con las que, a nuestra vez, desacordaremos. Así como es al inconsciente que habla en sus formaciones (síntomas, lapsus, actos fallidos, chistes, sueños) a quien se dirige nuestra escucha o, más aún, a ese más allá que evoca la fantasía en su evocación del cuerpo, congruentemente, la historia que nos importa no será la de los sucesos vividos, la de los acontecimientos que no hacen sino conformar la novela que el sujeto produce (o donde se produce imaginariamente). La historia que nos importa será

la repetición de significantes reprimidos, los acontecimientos en su valor significante, repetición en esa otra
escena, instancia denominada el Otro. De ahí que la obtención o no de datos en el sentido de la historia manifiesta se nos convierte en un hecho irrelevante en la medida misma en que no la consideramos como dato en sí
misma sino sólo en la resignificación que toma en el
proceso del análisis. (40) Esto, sea el analizante niño o
adulto. Melanie Klein, tajante cuando plantea que el inconsciente es igual en niños que en adultos, enfrenta las
tesis annafreudianas sosteniendo que de lo que se trata
en un análisis es de la historia de la transferencia. El
problema es qué entiende ella por transferencia. Creemos nosotros que mientras por una parte critica a A.
Freud por centrarse en el yo, por la otra, su concepción
peca de lo mismo que critica. Su idea de transferencia
(positiva y negativa) como transferencia de amor y odio,
transferencia de afectos, no se refiere sino a una concepción de la misma como proyección yoica, la transferencia como proyección o desplazamiento de afectos.
Lacan ha relacionado el mecanismo de la proyección con
la dimensión imaginaria.

En este sentido el concepto de transferencia queda
capturado en la exclusividad de esta misma dimensión.*

Si para Anna Freud el sujeto coincide con la persona, para Klein será igual a fantasías inconscientes, producto de procesos de proyecciones e introyecciones que,
en su articulación con un afecto determinado (angustia
persecutoria o depresiva) y en conjunción con una particularidad objetal (objeto bueno o malo, parcial o total)
determinará una posición, forma en que se nombra, en
la teoría kleineana, una cierta estructuración tópica del

* Con Freud, nos remitimos a "Pulsiones y destinos de pulsión" donde es explícita la idea de que amor y odio son, como tales, vicisitudes del yo y no de la pulsión o sus representantes. Lo
mismo cuando más adelante en la *Metapsicología* planteará que
los efectos no son inconscientes, no siendo, por lo tanto, sujetos
de represión.

inconsciente. Inconsciente que, importa destacar, está estructurado por fantasías. Fantasías entendidas, una vez más, en su aspecto más imaginario. (41)

Sustentamos esto por la importancia otorgada en la teoría kleineana a las vicisitudes del afecto. Ya que si bien Klein explícitamente habla de angustia de castración, cuando se explaya sobre su idea de la transferencia es evidente el deslizamiento de la noción de afecto hacia sus vertientes más yoicas. Lo mismo en lo que atañe al objeto. No padece éste, en su teoría, de un empirismo como el que lleva a Anna Freud a creer que el objeto pulsional son los padres (en concordancia con sostener que el sujeto es la persona). Klein, más sutil, planteará que el niño, aun uno pequeño de alrededor de tres años, ya ha dejado atrás la relación con sus objetos originales habiendo su complejo de Edipo sufrido distorsiones y transformaciones. Pero, fieles a una lectura rigurosa de la obra de Freud, ¿cómo plantear la existencia de objetos originales si éste, el objeto de la pulsión, se constituye ya, como perdido? (42) Es que si bien Klein sabe escuchar a sus pacientes allí donde sostiene que el niño si no asocia es por angustia, no supo leer todo lo bien que se requiere a Freud cuando mantiene su creencia en un objeto original, originario, que poco más adelante en el desarrollo de su teoría, definirá como el pecho (43).

Del falo al pecho, de la angustia de castración a las ansiedades persecutoria y depresiva asistiremos a una progresiva desexualización de la teoría (44). Se olvida, ¿se reprime? la taxativa conceptualización freudiana en su insistencia de que sólo cabe hablar de angustia de castración (o envidia del pene) en referencia al falo. Sólo en la etapa fálica, dirá Freud, tiene sentido el complejo de castración. (45). Sólo retrospectivamente, nachträchlig (46), se significarán como tales las otras pérdidas, el seno o las heces. Etapa fálica, la entendemos nosotros como la manera que tuvo Freud de nombrar esa exigencia, ese a priori de la teoría, ese a priori del inconsciente: el falocentrismo, la premisa universal del pene.

Falo, significante de la falta, produciendo efectos de significación (47). En lo imaginario, la creencia de que hay un solo órgano genital: el masculino. Creencia que se sostiene más allá de cualquier comprobación de hecho, creencia que responde a un *debe* y que, confrontada a la diferencia de los sexos producirá lo que la teoría denomina complejo de castración, angustia o envidia que delatan el saber sobre la diferencia, teorías sexuales infantiles que intentan desmentir lo que se sabe (48).

En el deslizamiento teórico del falo al pecho se desexualiza el inconsciente, se empiriza el objeto, se biologiza el psicoanálisis. Se lo vuelve pre-freudiano, se encubren las aporías y las paradojas. No hay conmoción del saber.

Tampoco se conmueve el saber cuando se entiende el Edipo como fase, etapa en el desarrollo, evolución psicológica de la historia de un sujeto y no como estructura que, antecediendo y trascendiendo al sujeto, lo constituye como tal. Mito en el que en el entretejido de varias generaciones se elaborará el complejo de castración en el sentido simbólico, esto es, en el sentido en que el hombre es afectado por el lenguaje, por el significante (49). El Edipo kleineano por más referido que esté a la *historia* de relaciones objetales y de fantasías *inconscientes*, no deja de implicar una noción de inconsciente ligado a un sentido que, latente, el analista entenderá, descifrará, y comunicará a su paciente para que éste sepa de él. Lo conozca. Esta idea de inconsciente como conjunto de fantasías en que se expresan los afectos que al sujeto le resulta difícil reconocer y asumir sino por la intervención del analista (individuo con quien reproducirá relaciones afectivas originales) nos parece que empobrece notablemente la riqueza del pensamiento freudiano. Y no da cuenta de lo que ocurre en la clínica. Por un lado restringe el concepto a su vertiente más descriptiva. Por el otro, este inconsciente, lejos de reflejar la subversión que supone para el conjunto del saber en la medida en que, como tal, y como concepto, se organiza alrededor de una falta que ningún saber podrá obturar, en que se constituye como aporía de un saber que no se sabe, se plantea, para Klein, como objeto de conocimiento que, en la relación dual analizante-analista, podrá ser conocido, domeñado. El analista, creyendo poseer tal conocimiento sobre el inconsciente del primero lo trasmitirá a su paciente y la cura será entendida como la adquisición de un supuesto conocimiento en virtud de una manera simplista de entender el *hacer consciente lo inconsciente.*(50)

Para Klein, entonces, la transferencia, transferencia de afectos; el inconsciente, estructura de fantasías; la relación analizante-analista, una relación dual en la que el segundo sabe. Y quien sabe... enseña. Melanie Klein critica la asunción de posiciones pedagógicas e imperceptiblemente... cae en lo mismo que intenta criticar.

Esta manera de entender el inconsciente, como estructura de fantasías que darían sentido a lo manifiesto de la conducta del paciente (debemos marcar también que se pierde progresivamente en la concepción kleineana la primacía otorgada al discurso en favor de la conducta) guarda relación con la defensa de la interpretación según el simbolismo. Vimos más arriba que éste era un punto importante de discusión. Mientras A. Freud criticaba a Klein por otorgarle al juego valor simbólico, ésta defiende acérrimamente la posibilidad del niño de comprender este valor simbólico, esto es, la idea (fantasía, para ser más precisos) que, oculta, latente, daría sentido a sus actos lúdicos. Trabajaremos más detalladamente este aspecto en un capítulo posterior que dedicaremos al juego pero, por el momento, adelantaremos que esta posición implica entender el juego en su dimensión de signo, en su dimensión más consciente. Adjudicarle una intención que se pretende comunicar a otro y, por más que se denomine inconsciente al simbolismo de la fantasía, la forma en que se lo define corresponde tópicamente a lo que en la teoría freudiana es del orden preconsciente-consciente. Orden regido por el sentido, el de un significado adherido a un significante. Este privilegio otorgado al simbolismo delata, casi más que cualquier otro elemento, esta concepción del inconsciente de la que pretendemos diferenciarnos: un inconsciente concebido como el sentido latente de un texto manifiesto, siendo uno traducción del otro. Inconsciente que, aunque se nombre como tal, no se diferencia en su conceptualización del sistema preconsciente (51).

Melanie Klein, psicoanalista cuando intenta cernir lo inconsciente de la fantasía, cuando privilegia el papel de la angustia, cuando defiende la analizabilidad del niño, se vuelve psicóloga, a su pesar, cuando el inconsciente que conceptualiza queda capturado en esta dimensión imaginaria. Esta captura es lo que no le permite precaverse de que, al criticar a su oponente explicitando los prejuicios que vician su teorización, queda ella misma encerrada en concepciones que, diferentes en un nivel, en otro pecarán de iguales malentendidos teóricos (52).

Síntoma, decíamos, al referirnos a esta discusión. La teoría, como formación del inconsciente tiene, como toda formación, un carácter transaccional. (53). Por un lado intenta cernir el objeto, por el otro, y en la medida misma en que el objeto remite a su propia falta, reviste esta carencia en un intento de restitución. Así, el síntoma rodea la falta a la vez que la recubre. La teoría, lo mismo. Anna Freud y Melanie Klein rodean la falta, en la teoría, del concepto niño. La segunda explicita los prejuicios que impidieron a Anna Freud ser consecuente con el discurso del análisis: su necesidad de no cuestionar la existencia del niño como tal. Melanie Klein avanza un poco más cuando dice: no se trata del niño sino del inconsciente del mismo. Si, como sugería Juan David Nasio en un seminario llevado a cabo en México hace algún tiempo, (54) no podemos, al teorizar, pretender eliminar los prejuicios * sino que se trata de cambiar unos prejuicios por otros (que permitan un mayor acercamiento al inconsciente), sostendremos que Klein está más cerca del objeto freudiano. Aunque no lo suficiente. ¿Por qué? Porque no se trata de responderle a A. Freud acerca de que sí es posible analizar a un niño. La sola respuesta implica que se está en el mismo nivel en que se formula el problema. Responde a una demanda, con otra. Proponemos, mejor, hablar en nombre del deseo (55).

Cuando se discute si un niño es o no analizable lo que queda oculto, a la vez que, como síntoma, se dice en forma desplazada, es qué quiere decir niño en psicoanálisis. Al no cuestionar al niño se le supone un significado intrínseco, quedando éste capturado en su dimensión de signo. Proponemos más bien pensar al niño en la dimensión que, como significante en la estructura edípica, da cuenta de una posición subjetiva, de una posición deseante. En este sentido todos somos Edipo, todos somos niño. Y, más que plantearnos si es o no posible analizar al niño, pregunta que en sí misma implica un desconocimiento del niño del psicoanálisis, ese reprimido que de todos modos desea hacerse oír, ese infantil que, más que calificar se superpone a lo que, en psicoanálisis, llamamos sexualidad o neurosis, debemos, en un intento de teorización que traicione menos al inconsciente, preguntarnos: ¿es que, cuando analizamos, hacemos otra cosa que analizar un niño? (56) **

* En la medida en que esto implicaría una contradicción dado que es imposible desconocer el desconocimiento del yo.
** Hasta aquí, el primer objetivo de esta tesis.

NOTAS DEL CAPITULO I

1 KLEIN, MELANIE: "Simposium sobre análisis infantil" en *Contribuciones al psicoanálisis*, Buenos Aires, Ediciones Hormé, 1964, pág. 137.
2 FREUD, ANNA: *Psicoanálisis del niño*, Buenos Aires, Ediciones Hormé, 1964, pág. 12.
3 FREUD, ANNA: op. cit., págs. 12-13.
4 FREUD, ANNA: op. cit., pág. 13.
5 FREUD, ANNA: op. cit., págs. 13-14.
6 FREUD, ANNA: op. cit., pág. 15.
7 KLEIN, MELANIE: op. cit., pág. 138.
8 KLEIN, MELANIE: op. cit., pág. 138.
9 KLEIN, MELANIE: op. cit., pág. 139.
10 KLEIN, MELANIE: op. cit., pág. 140.
11 KLEIN, MELANIE: op. cit., pág. 140.
12 KLEIN, MELANIE: op. cit., pág. 141.
13 KLEIN, MELANIE: op. cit., pág. 141.
14 FREUD, ANNA: op. cit., pág. 31.
15 FREUD, ANNA: op. cit., pág. 32.
16 KLEIN, MELANIE: op. cit., pág. 161.
17 FREUD, ANNA: op. cit., pág. 33.
18 FREUD, ANNA: op. cit., pág. 33.
19 FREUD, ANNA: op. cit., pág. 34.
20 KLEIN, MELANIE: op. cit., pág. 143.
21 FREUD, ANNA: op. cit., pág. 34.
22 FREUD, ANNA: op. cit., pág. 35.
23 KLEIN, MELANIE: op. cit., págs. 143-144.
24 FREUD, ANNA: op. cit., pág. 49.
25 FREUD, ANNA: op. cit., pág. 50.
26 FREUD, ANNA: op. cit., pág. 51.
27 FREUD, ANNA: op. cit., pág. 51.
28 KLEIN, MELANIE: op. cit., pág. 144.
29 KLEIN, MELANIE: op. cit., pág. 145.
30 FREUD, ANNA: op. cit., pág. 33.
31 FREUD, ANNA: op. cit., pág. 53.
32 FREUD, ANNA: op. cit., pág. 58.
33 FREUD, ANNA: op. cit., pág. 59.
34 FREUD, ANNA: op. cit., pág. 59.
35 KLEIN, MELANIE: op. cit., pág. 148.
36 KLEIN, MELANIE: op. cit., pág. 148.
37 FREUD, ANNA: op. cit., pág. 75.
38 KLEIN, MELANIE: op. cit., pág. 158.
39 KLEIN, MELANIE: op. cit., pág. 158.
40 Esto será desarrollado en el próximo capítulo. Por el momento podemos adelantar que estamos trabajando con el concepto

de historización primaria tal como Lacan lo explicita en "Función y campo de la palabra y del lenguaje en psicoanálisis" en *Escritos I*, México, Siglo XXI Editores, 1971. "Lo que enseñamos al sujeto a reconocer como su inconsciente es su historia; es decir que le ayudamos a perfeccionar la historización actual de los hechos que determinaron ya en su existencia cierto número de 'vuelcos' históricos. Pero si han tenido ese papel ha sido ya en cuanto hechos de historia, es decir en cuanto reconocidos en cierto sentido o censurados en cierto orden.

Así toda fijación en un pretendido estadio instintual es ante todo estigma histórico: página de vergüenza que se olvida o que se anula, o página de gloria que obliga.", op. cit., pág. 82. Y: "...el estadio anal no es menos puramente histórico cuando es vivido que cuando es vuelto a pensar, ni menos puramente fundado en la intersubjetividad." op. cit., págs. 82-83.

Asimismo estamos trabajando con los conceptos de repetición y transferencia según las formulaciones del *Seminario XI. Los cuatro conceptos fundamentales del psicoanálisis*, Barcelona, Barral Editores, 1977, que se articulan con los agregados de 1966 que, al respecto, se encuentran casi al final del artículo de Lacan que venimos citando. "Es decir que del mismo modo que el automatismo de repetición, al que se desconoce igualmente si se quieren dividir sus términos, no apunta a otra cosa que a la temporalidad historizante de la experiencia de la transferencia...", op. cit., pág. 135.

41 Para los desarrollos kleineanos sobre la fantasía se pueden consultar los siguientes trabajos: Segal, Hanna: *Introducción a la obra de Melanie Klein*, Buenos Aires, Editorial Paidós, 1965; Isaacs, Susan: "Naturaleza y función de la fantasía" en Klein y otros: *Desarrollos en psicoanálisis*, Buenos Aires, Ediciones Hormé, 1967; así como Baranger, Willy: POSICIÓN Y OBJETO *en la obra de Melanie Klein*, Buenos Aires, Ediciones Kargieman, 1971.

42 Este punto será desarrollado también en el segundo capítulo. Para su explicitación puede recurrirse al texto de Serge Leclaire: *El objeto del psicoanálisis*, Buenos Aires, Siglo XXI Argentina Editores, 1972.

43 Para apreciar esta suerte de progresión regresiva es interesante comparar los primeros trabajos de Klein con los últimos en que intenta una conceptualización más sistemática. En particular, los publicados en español bajo el título de *Desarrollos en psicoanálisis*, op. cit.

44 Remitimos, para sustentar estas tesis, a los trabajos citados en la nota precedente. Asimismo a Klein, Melanie: *Envidia y gratitud*, Buenos Aires, Ediciones Hormé, 1969.

45 "Ultimamente se ha aguzado nuestra sensibilidad para la percepción de que el desarrollo sexual del niño progresa hasta una fase en que los genitales han tomado sobre sí el papel rector. Pero estos genitales son sólo los masculinos (más precisamente el pene), pues los femeninos siguen sin ser descubiertos. Esta fase fálica, contemporánea a la del complejo de Edipo..."
"Ahora bien, la tesis es que la organización genital fálica del niño se va al fundamento a raíz de la amenaza de castración. Por cierto que no enseguida, ni sin que vengan a sumarse ulteriores influjos."
"El psicoanálisis ha atribuido renovado valor a dos clases de experiencias de que ningún niño está exento y por las cuales debería estar preparado para la pérdida de partes muy apreciadas de su cuerpo: el retiro del pecho materno, primero temporario y definitivo después, y la separación del contenido de los intestinos, diariamente exigido. Pero nada se advierte en cuanto a que estas experiencias tuvieran algún efecto con ocasión de la amenaza de castración. Sólo tras hacer una nueva experiencia empieza el niño a contar con la posibilidad de una castración..."
"La observación que por fin quiebra la incredulidad del niño es la de los genitales femeninos. Alguna vez el varoncito, orgulloso de su posesión del pene, llega a ver la región genital de una niñita, y no puede menos que convencerse de la falta de un pene en un ser tan semejante a él. Pero con ello se ha vuelto representable la pérdida del propio pene, y la amenaza de castración obtiene su efecto con posterioridad (nachträglich)."
Todas estas citas corresponden a "El sepultamiento del complejo de Edipo" en *Obras Completas*, Buenos Aires, Amorrortu editores, 1979, Tomo XIX, págs. 182 a 186.

46 "Retroactividad, retroactivo, retroactivamente... Palabra utilizada por Freud en relación con su concepción de la temporalidad y la causalidad psíquicas: experiencias, impresiones y huellas mnémicas son modificadas ulteriormente en función de nuevas experiencias o del acceso a un nuevo grado de desarrollo. Entonces pueden adquirir, a la par que un nuevo sentido, una eficacia psíquica." Laplanche y Pontalis: *Diccionario de Psicoanálisis*, Barcelona, Editorial Labor, 1971, pág. 405.

47 "El falo aquí se esclarece por su función. El falo en la doctrina freudiana no es un fantasma, si hay que entender por ello un efecto imaginario. No es tampoco como tal un objeto (parcial, interno, bueno, malo, etc....) en la medida en que ese término tiende a apreciar la realidad interesada en una relación. Menos aún es el órgano, pene o clítoris, que simbo-

liza. Y no sin razón tomó Freud su referencia del simulacro que era para los antiguos. Pues el falo es un significante, un significante cuya función, en la economía intrasubjetiva del análisis, levanta tal vez el velo de la que tenía en los misterios. *Pues es el significante destinado a significar en su conjunto los efectos del significado, en cuanto el significante los condiciona por su presencia de significante.*" (El subrayado es nuestro.) Lacan, J.: "La significación del falo" en op. cit., págs. 283-284.

48 Para esto se puede consultar el trabajo de Freud: "Sobre las teorías sexuales infantiles" en op. cit., 1979, Tomo IX.

49 Este tema se encuentra tratado por Lacan en "Las formaciones del inconsciente" en *Las formaciones del inconsciente*, Buenos Aires, Ediciones Nueva Visión, 1976.
También, para la cuestión del Edipo se puede consultar "Edipo, castración, perversión" en Masotta, Oscar: *Ensayos lacaneanos*, Barcelona, Editorial Anagrama, 1976.

50 Para la comprensión de este párrafo habrá que remitirse a las diferencias establecidas por Lacan entre el sujeto del inconsciente y el del conocimiento. También a la distinción entre saber textual y saber referencial. Asimismo, al análisis que hace Lacan de la aserción freudiana "Wo es war, soll Ich werden". Para esto se puede recurrir al "Indice razonado de los conceptos principales" que figura al final de *Escritos I* y de *Escritos II*.

51 Este tema está especialmente tratado por Lacan en "En memoria de Ernest Jones: sobre la teoría del simbolismo" en *Escritos II*, México, Siglo xxi Editores, 1975, págs. 307 y sigs. Se puede consultar también Laplanche y Leclaire: "El inconsciente: un estudio psicoanalítico" en Green y otros: *El inconsciente freudiano y el psicoanálisis francés contemporáneo*, Buenos Aires, Ediciones Nueva Visión, 1969.

52 Véase en el "Indice razonado de..." en *Escritos I* y *II*, op. cit., "A. La supremacía del significante" las citas a las que remiten los puntos "3. La estructura: lo simbólico, lo imaginario, lo real" y "4. La supremacía del significante sobre el significado".

53 Roustang, François: *Un funesto destino*, México, Premia Editora, 1980 y Miller, Jacques-Alain: *Cinco Conferencias Caraqueñas sobre Lacan*, Caracas, Editorial Ateneo de Caracas, 1980.

54 Seminario impartido por Juan David Nasio en el mes de octubre de 1983. El tema del mismo fue "El lugar del objeto *a* en la transferencia" y su organización estuvo a cargo del Centro de Investigaciones y Estudios Psicoanalíticos.

55 Para la diferencia entre deseo, demanda (y necesidad) puede consultarse: Lacan, J.: "El deseo y su interpretación" en *Las*

formaciones del inconsciente, op. cit., págs. 127 y 150. También se puede recurrir al "Indice razonado..." en op. cit.

56 En la teoría lacaneana "signo" designa lo que representa algo para alguien, en tanto "significante" es lo que representa al sujeto para otro significante. El niño como significante en la estructura edípica es un tema abordado en Stern, A. L.: "El niño ¿significante del Edipo?" en Clavreul, J. y otros: *Clínica y metapsicología,* Buenos Aires, Editorial Trieb, 1979. También en Leclaire, Serge: *El objeto del psicoanálisis,* op. cit.

CAPÍTULO II

Marco teórico. Los conceptos fundamentales

En el capítulo precedente sentamos una posición que, si bien reconoce en Klein una pertenencia al campo psicoanalítico, difiere de ella, es cierto que en distintos puntos y por diferentes razones, como lo hace de las posturas annafreudianas.

Nuestra postura se sustenta en el eje teórico demarcado por la lectura de Freud desde las conceptualizaciones lacaneanas.

Desde allí sostuvimos que la pregunta sobre la analizabilidad o no del niño implica ya, en sí misma, una conceptualización con la que no acordamos. Así como que, ella, la pregunta, está mal planteada.

Implícita en lo desarrollado en el capítulo anterior es necesario ahora que explicitemos nuestra concepción. Por un lado para que, a la manera de la resignificación, se aclaren nuestros planteos previos. Por otro, para poder avanzar hacia nuestra segunda hipótesis de trabajo, adelantada ya bajo la forma de una interrogación, en lo que precede, y que formulamos: ¿es que, cuando analizamos, hacemos otra cosa que analizar un niño?

Nos proponemos, entonces, en este capítulo, desarrollar los conceptos fundamentales de la teoría psicoanalítica así como su necesaria articulación.

Reiteramos: leemos a Freud según las coordenadas de la teorización de Jacques Lacan. Asimismo, creemos que es legítimo un enriquecimiento, desde Freud, del pensamiento lacaneano. Este es el marco teórico que, explícito en este capítulo, implícito en los otros, orienta nuestra producción.

Para desarrollar lo propuesto más arriba decidimos tomar como eje el *Seminario XI. Los cuatro conceptos fundamentales del psicoanálisis* de Jacques Lacan. Allí se articulan los conceptos de inconsciente, repetición, pulsión y transferencia.

Intentaremos resaltar lo nodal de estos conceptos en la especificidad que cada uno de ellos tiene en la teoría psicoanalítica según las líneas del pensamiento freudiano que nos parecen, inspirados por Lacan, las más fructíferas.

Es por ello que se encontrará, en lo que sigue, referencias a trabajos de Freud en los que se cierne, si bien no lo único, lo que consideramos más significativo para dar idea de la orientación interpretativa de nuestra lectura.

Los textos de Freud, metapsicológicos, que se han visto privilegiados en esta ocasión son: "Proyecto de psicología", "La interpretación de los sueños", "Trabajos de metapsicología" y "Más allá del principio del placer". Esto no excluye la referencia a otros textos que serán convenientemente señalados por remisiones a notas al final de la exposición.

Comenzamos, pues, por el comienzo, a saber: el inconsciente. "Pues bien; tenemos razones para suponer una *represión primordial*, una primera fase de la represión que consiste en que a la agencia representante (Repräsentanz) psíquica (agencia representante-representación) de la pulsión se le deniega la admisión en lo conciente. Así se establece una *fijación*..." Freud, "La represión", 1915 (1).

Esta frase define, para nosotros, lo nodular de la constitución del inconsciente. Habla de la fijación, de la inscripción de la pulsión, más bien de su representante. Y es, a su vez, fijación en la teoría de la piedra angular en que se funda la constitución del inconsciente.

Esta agencia representante, representante de la representación, Vorstellungsrepräsentanz, significante para Lacan, constituye el núcleo de lo inconsciente en virtud de ese movimiento primordial, censura y represión, que expulsa para siempre jamás una representación del sistema preconsciente-consciente. Para lo más nodularmente reprimido la representación de que se trata es la de una falta. Y, a su respecto, no se trata de pensar que, habiendo una representación consciente de la falta ésta se viera expulsada de ese sistema según podría suponer un pensamiento que ubicara cronológicamente una primera y luego una segunda etapas (2). Exclusión e inscripción son una y la misma operación, inscribiéndose aquello que en sí mismo no es ni fue representación consciente.* Será lo que en "Lo inconsciente" Freud define como representación-cosa, la propia y específica del sistema inconsciente a diferencia de la representación-palabra, ligada a imágenes mnémicas de tipo verbal y que corresponde al sistema preconsciente-consciente. La representación-cosa consiste, dice Freud, en la investidura, si no de la imagen mnémica de la cosa, al menos de huellas mnémicas más distanciadas de ella. (3) Notemos la diferencia entre imagen mnémica y huella mnémica y señalemos además el parentesco conceptual entre esta representación-cosa, representante de la pulsión en el sistema inconsciente y lo que Freud ya llamara *la Cosa* en el "Proyecto de psicología".

Es allí que, al descomponer lo que denomina el complejo del prójimo, distinguirá en él dos aspectos. Enfrentado el sujeto a un objeto que sea su semejante, objeto que, como tal, será a la vez el primer satisfactor, el primer objeto hostil así como la única fuerza auxiliar, el sujeto, que deberá (re)conocerse en este objeto, podrá distinguir en él dos partes. Una, absolutamente nueva e incomparable. Otra, que podrá asimilar a recuerdos de

---

* Lo que no se opone a que tengamos que dar cuenta de las relaciones entre esta representación inconsciente de la falta y las representaciones conscientes. Esto es, las relaciones entre los diferentes sistemas psíquicos.

impresiones emanadas de su propio cuerpo. Es interesante notar que, en los dos casos, Freud se refiere a percepciones de tipo visual.

Con respecto a la primera parte del complejo dará como ejemplo los rasgos del objeto en el campo visual; para la parte asimilable dará como ejemplo la percepción visual del movimiento de las manos que coincidirá en el sujeto con el recuerdo de impresiones visuales muy similares emanadas del propio cuerpo y al que se hallarán asociados otros recuerdos de movimientos experimentados por él mismo.* Dirá que la primera parte es una estructura constante que persistirá coherente como una *cosa* mientras la otra podrá ser *comprendida* por la memoria (4).

¿Es entonces esta *cosa* del semejante, constante, coherente en sí misma pero nueva, incomparable y, agregamos nosotros, incomprensible para el sujeto, lo que se inscribe como representación-cosa? (5) Creemos que sí. Representación que más que remitir a una imagen lo hace a una huella, marca, trazo, de un rasgo que, como tal, inscribe lo incomprensible del otro. Eso del otro que lo hace radicalmente Otro, que nos es ajeno de manera irremediable y que, paradoja de paradojas, se inscribirá como núcleo de lo inconsciente, de lo Urverdrängung. Lo más próximo y a la vez lo más ajeno, en el corazón del Yo, dirá Lacan (6). Núcleo que a la manera de un imán atraerá hacia sí lo que, en virtud de la represión secundaria, la propiamente dicha, serán retoños de este reprimido primordial o pensamientos que, provenientes de alguna otra parte habrán entrado en vínculos asociativos con ella, cayendo a lo Unterdrückt, al nivel de lo que ha devenido significante.

Así, gracias a la represión secundaria, y la suposición lógica, apelación a la estructura, de una represión primordial, también llamada primaria, se constituye el inconsciente (7).

* Señalaremos la importancia de lo visual en un capítulo dedicado a la resistencia.

Represión es entonces fijación, inscripción significante. Esto es: no fijación de un significado sino de las trazas de aquello que, inaprehensible al sentido, el lado cosa de la madre en tanto primer semejante a la vez que Otro radical, será no obstante causa, en virtud de la demarcación de esta inaprehensibilidad que supone su inscripción, de todo el trabajo del psiquismo (8). Esto para Freud quien, desde la Carta 52 hasta "Nota sobre la pizarra mágica" pasando por el Capítulo VII de "La interpretación de los sueños" y los "Trabajos de metapsicología" de 1915, pensará la constitución inconsciente como sistema de inscripciones, signos, cada uno de los cuales en sí mismo no estará dotado de sentido sino que deberá pensarse en su combinación y diferencia respecto de los otros, siendo las leyes de su asociación las que, en su propio movimiento, darán como efecto un efecto de sentido. Estamos nombrando las leyes del proceso primario, condensación y desplazamiento y, vinculada con éstas y en virtud de ese privilegio ya señalado que Freud otorgara a lo visual, tendencia a la figurabilidad. Este representante de la representación, esta representación-cosa en sí misma no significa nada, debe leerse en su literalidad y serán las reglas de su asociación por simultaneidad, por semejanza,* las que inducirán un efecto de sentido (9).

En términos de la teorización de Lacan, para pensar el inconsciente deben tenerse en cuenta una pareja de significantes, S_1-S_2.

Deben pensarse al menos dos porque Lacan define

---

* Como decíamos, se trata de sistemas de signos, no de símbolos o señales. (Estamos usando la clasificación de Saussure.) Por lo tanto, se trata de semejanza y simultaneidad convencionales, no de hecho, producidas en y por el lenguaje. Para esto puede consultarse el trabajo de J. C. Indart "...Porque (por qué) *una* 'taza' es *el* 'pecho'(?)" que abunda en ejemplos de cómo se diferencia una interpretación psicoanalíticamente freudiana, que respete el trabajo propio del inconsciente, de aquellas marcadamente psicologistas. (10)

el significante como lo que representa al sujeto para otro significante. Esto es, el sujeto, lejos de corresponder al sujeto psicológico sede de vivencias y sentimientos, dotado y dotador de sentido, es efecto, el del inconsciente, de la relación entre significantes.

"El *Vorstellungsrepräsentanz* es el significante binario."

"Este significante constituye el punto central de la *Urverdrängung* —de lo que, como Freud indica en su teoría, al ser pasado al inconsciente será el punto de *Anziehung*, el punto de atracción, por el que serán posibles todas las demás represiones, todos los demás pasos similares al lugar de lo *Unterdrückt*, de lo que ha pasado por debajo como significante. De esto se trata en el término *Vorstellungsrepräsentanz*." (1)

No parece posible relacionar punto por punto los conceptos freudianos y los lacaneanos.

Si bien Lacan se reconoce estrictamente freudiano, esto no implica que los conceptos no se reinterpreten y reordenen según una nueva conceptualización.

Freud plantea que la diferencia entre los sistemas inconsciente y preconsciente consiste en el tipo de representaciones de que se trata en uno y en otro. Sachvorstellung (representación cosa) para el primero, Wortvorstellung (representación-palabra) para el segundo, siendo la relación entre los sistemas de sobreinvestiduras secundarias sobre las investiduras primeras y genuinas de objeto (12).

No es fácil determinar si el significante lacaneano corresponde al primer tipo de representaciones o al segundo. Diferentes lecturas permitirían adjudicarlo a uno o a otro. El texto con el que estamos trabajando, el Seminario XI, no permite decidir al respecto en la medida en que allí Lacan plantea como núcleo de lo reprimido el Vorstellungsrepräsentanz (que en Freud abarca ambos tipos de representaciones). En realidad Lacan aclara que significante es la parte repräsentanz, en tanto la Vorstellung es del orden de la significación.

"Estos representantes son lo que corrientemente llamamos, por ejemplo, el representante de Francia. ¿Qué tienen que hacer los diplomáticos cuando dialogan? No desempeñan, uno frente a otro, más que esta función de ser puros representantes y, sobre todo, no es preciso que intervenga su significación propia."

"El término *Repräsentanz* hay que tomarlo en este sentido. El significante tiene que ser registrado como tal, está en el polo opuesto de la significación. La significación entra en juego en la *Vorstellung*.

"Con la *Vorstellung* tenemos que ver en la psicología..." (13).

En la medida en que los conceptos freudianos se reordenan en una nueva teorización (que implica concebir un sujeto hablante en el lugar que, en Freud, ocupaba el aparato psíquico, una relación de ese sujeto con lo que se denomina el Otro que, en una de sus acepciones, es homólogo al Inconsciente, dimensiones de lo Simbólico, lo Real, lo Imaginario, propias de ese sujeto hablante) no pueden correlacionarse puntualmente los términos de un sistema teórico con los del otro. Sin embargo, es lícito intentar articulaciones entre ellos. Cosa que, por otra parte, recorre todo el pensamiento lacaneano.

La relación entre la dimensión significante y la de la significación es una cuestión teórica que se vincula al problema, en Freud, de las relaciones entre los sistemas Icc. y Prcc., problema ya señalado en nuestra primera llamada a pie de página (ver página 59) en este capítulo. Decimos que son problemas que pueden vincularse pero no planteamos su equivalencia en virtud de lo que venimos señalando.

Luego de estas aclaraciones volvamos a los desarrollos lacaneanos sobre la estructura del inconsciente.

S_2 como conjunto de los significantes reprimidos, S_1 como representante del sujeto que aparecerá en el retorno de lo reprimido, constituyen la pareja primitiva de la articulación significante cuya relación pone en juego una temporalidad particular, más lógica que cronológica, y que permite articular la represión secundaria y la primaria de manera tal que la segunda se constituiría desde y sólo en función de la primera (14).

Nada más alejado en esta concepción de la temporalidad, por lo tanto de la historia y de la constitución subjetiva, de versiones apelantes a cualquier forma de desarrollo, llámese biológico o psicológico. Versiones evolutivas que sostienen una pregunta sobre el origen y a la que pretenden responder. Y del origen, sólo los mitos. Mito de los orígenes: del sujeto, de la sexualidad, de la diferencia sexual. Escena primaria, seducción, castración (15). Mitos, lenguaje sobre los orígenes que encontraremos en la imaginarización de lo simbólico, en el decir de los analizantes. Escenificación y figuración de fantasías son efecto del juego significante. Pero recordemos, presencia de significante implica al menos dos, S_1-S_2 y su articulación en cadena. Cada uno en su relación y diferencia respecto de los otros. De allí, la tesis de Lacan: el inconsciente está estructurado como un lenguaje (16).

Freud, para pensar el aparato psíquico, pensó sistemas: inconsciente, preconsciente, consciente, y, más allá de 1920, instancias que denominó Yo, Ello, Superyó. Lacan, en su intento de dar cuenta de las dimensiones de la subjetividad que pone en cuestión el inconsciente, dirá: Simbólico, Real, Imaginario. El sistema inconsciente, en tanto estructurado como un lenguaje, implica predominantemente la dimensión de lo Simbólico (17). Regida por una ley, el automatismo de repetición, que Freud cerniera con más precisión en "Más allá del principio del placer", pero al que ya se había acercado en 1900, con su trabajo sobre los sueños (18).

Pasaremos, entonces, a trabajar alrededor del concepto de repetición.

Desde el punto de vista de la efectividad de su funcionamiento, el inconsciente freudiano debe articularse con el principio del placer-displacer. Este principio, en virtud del cual, por un mecanismo de regulación automática, el funcionamiento psíquico se basa en la tendencia a la evitación del displacer (19), rige los procesos primarios, los que funcionan según la condensación y el desplazamiento. Además se articula necesariamente con el concepto de identidad de percepción, en el sentido en que, para el inconsciente, el deseo se realiza alucinatoriamente, el placer se obtiene en la investidura de la representación ligada a la satisfacción y no, como podría creerse, en la satisfacción misma. Anticipamos con esto un elemento importante para entender el concepto freudiano de deseo, como deseo reprimido, infantil y sexual. Este se realiza en la identidad de percepción, se satisface en la catectización de representaciones. Para él de lo que se trata es de re-encontrar una percepción.* Ahora bien, Freud se vio confrontado en su práctica clínica a fenómenos que descriptivamente caen bajo el rubro de lo que sería la repetición, esto es, encontró, en su abordaje psicopatológico, que una de las características de la historia y de la neurosis de sus pacientes, residía en el hecho de que éstos repetían, inconscientemente, situaciones antiguas, con la paradoja de que eran vividas con toda la intensidad de lo actual. En "Recordar, repetir y reelaborar", publicado en 1914, Freud señala: "...el analizado no *recuerda*, en general, nada de lo olvidado y reprimido, sino que lo *actúa*. No lo reproduce como recuerdo, sino como acción: lo *repite*, sin saber, desde luego, que lo hace." (20) Y más adelante en el mismo texto: "Tenemos dicho que el analizado repite en vez de recordar..." "¿Qué repite o actúa, en verdad? He aquí la respuesta: Repite todo cuanto desde las fuentes de lo reprimido ya se ha abierto paso hasta su ser manifiesto: sus inhibiciones y actitudes invariables, sus rasgos patológicos de carácter. Y además, durante el tratamiento, repite todos sus síntomas. En este punto podemos advertir que poniendo de relieve la compulsión

* Veremos más adelante percepción de qué, en tanto el inconsciente se organiza alrededor de una falta. Freudianamente, estamos hablando del concepto de objeto perdido.

de repetición no hemos obtenido ningún hecho nuevo, sino sólo una concepción más unificadora. Y caemos en la cuenta de que la condición de enfermo del analizado no puede cesar con el comienzo de su análisis, y que no debemos tratar su enfermedad como un episodio histórico, sino como un poder actual." (21)

Repite todo lo que se abre paso desde las fuentes de lo reprimido, repetición, entonces, da cuenta de una característica intrínseca al inconsciente. Pero, no es secundario advertir que, en la cita anterior, Freud no habla simplemente de fenómenos de repetición sino que utiliza una denominación que indica un avance en el sentido de una generalización de orden más teórico: la compulsión a la repetición, yendo más allá de una mera descripción fenomenológica de hechos clínicos. De lo que se trata, ahora, es de nombrar un principio del funcionamiento inconsciente, autónomo, irreductible al principio del placer y adjudicable al carácter más general de las pulsiones: su carácter conservador. Este concepto no necesariamente cuestionaría el principio del placer sino que hablaría de un *más allá*... Freud se ve llevado a considerar que no alcanza, para dar cuenta del inconsciente, con el principio del placer, y que es necesario dar cuenta de este más allá convocado por este funcionamiento particular de carácter repetitivo.

En "Más allá del principio del placer" en el Capítulo II, Freud analiza dos hechos: la neurosis traumática y el juego infantil. Y tanto en uno como en el otro plantea que, lo que se repite, es algo de carácter displacentero. ¿Cuestionaría esto la vigencia del principio del placer? Freud se pregunta y responde: "¿Puede el esfuerzo (*Drang*) de procesar psíquicamente algo impresionante, de apoderarse enteramente de eso, exteriorizarse de manera primaria e independiente del principio del placer? Como quiera que sea, si en el caso examinado ese esfuerzo repitió en el juego una impresión desagradable, ello se debió únicamente a que la repetición iba conectada a una ganancia de placer de otra índole, pero directa." (22) Y concluye ese capítulo con lo siguiente: "...el juego y la imitación artísticos practicados por los adultos, que a diferencia de la conducta del niño apuntan a la persona del espectador, no ahorran a este último las impresiones más dolorosas (en la tragedia, por ejemplo), no obstante lo cual puede sentirlas como un elevado goce. Así nos convencemos de que aun bajo el imperio del principio del placer existen suficientes medios y vías para convertir en objeto de recuerdo y elaboración anímica lo que en sí mismo es displacentero." (23)

Se trataría de un placer de otra índole, uno que comporta un elevado goce. Este placer de lo displacentero que implican los fenómenos de la repetición que, en un mismo acto reúnen lo antiguo y lo actual, repiten aquello de la sexualidad que tiene carácter de trauma.

Habría por un lado el placer ligado al principio del placer y, por otro, este más allá, placentero también pero de otra manera, y que Freud conecta con el imperio en el psiquismo de una tendencia mediante la cual el psiquismo intentaría ligar, inscribir aquello que, traumático por excesivo en cuanto a su intensidad, por incomprensible, no pudo serlo en su momento, permaneciendo en "calidad de cicatriz narcisista". (24)

Nosotros vinculamos los fenómenos que responden al principio del placer con aquello que, del objeto, en el complejo del prójimo, resulta comprensible, asimilable por el sujeto a referencias a su propio cuerpo, aquello que constituirá toda la vertiente del narcisismo y de la relación con el otro constituida por y desde las investiduras libidinales yoicas posibilitadoras de identificaciones por las cuales el otro puede asimilarse como un igual, un semejante. En cuanto al placer de otra índole, a aquello que, displacentero, repite el automatismo, nos parece que debe pensárselo en relación al lado cosa del otro, lado que lo vuelve otro de una diferencia radical y que, como ya señalamos, se inscribe como representante pulsional, representación-cosa, núcleo del inconsciente. Inscripción de lo que en sí mismo es sinsentido, de lo que, sustrayéndose, escapa a la significación, alude a la falta que, en psicoanálisis, se denomina castración.

Ahora bien, ¿por qué si por un lado vinculamos el automatismo de repetición con lo que pulsa desde lo reprimido originario, desde la representación-cosa que hemos definido como una inscripción, como una ligadura, decimos, por otro lado, que esta tendencia implica un esfuerzo de ligadura, de inscripción? Este segundo aspecto Freud lo desarrolla explícitamente en el Capítulo IV de "Más allá..." (25) Lo que parece paradoja deberá mantenerse como tal. Es que la representación-cosa, inscripción de la pulsión en el inconsciente, es en realidad ligadura, fijación, de aquello mismo que se resiste a ser ligado, fijado.

Quizá podríamos distinguir dos caras en la representación inconsciente: la representación-cosa inscribe algo de lo no inscribible pero habrá siempre un resto. Resto que, en una suerte de juntura con aquello de la pulsión que sí alcanzó una posibilidad de ligadura, pone en funcionamiento, como determinante en última instancia, el psiquismo todo.

En la repetición, repetición de lo inscripto a la vez que fracaso de esta inscripción. Fracaso que, paradoja otra vez, conlleva su cuota de placer, de goce, en la medida en que esta insatisfacción encontrada reactualiza, una vez más, los rodeos, los caminos de búsqueda de la satisfacción, manteniendo viva la actividad del psiquismo. Es esta insatisfacción, esta falla, este fracaso, lo que permite que el deseo no perezca.

El tercero de los términos que nos proponemos definir, la pulsión, para la que Freud distingue fuente, fin, presión y objeto, (26) aspira (presiona) a su satisfacción plena (fin), consistente en la repetición de una vivencia... Repetición de la vivencia aludiría, en el orden de los cuatro elementos pulsionales, al objeto.

Pero, así como Freud plantea que el objeto de la pulsión es, de estos elementos, el más indeterminable, absolutamente contingente y determinado sólo por la historia del sujeto, muchas veces se confunde, teóricamente, la noción de objeto pulsional con los objetos que lo son para el yo.

Para Lacan la pulsión sería un montaje, una especie de circuito de tipo gramatical que, a través de tres vías posibles, la activa, la pasiva y la refleja, (27) estructura un trayecto de ida y vuelta a partir de una fuente (la zona erógena para Freud) que, retornando sobre sí misma de manera autoerótica, se cierra sobre un objeto rodeando e instaurando un hueco, un vacío, como presencia. Hueco, vacío que corresponde al objeto pulsional y que deberá distinguirse del objeto que lo colma. (28)

Desde un abordaje fenomenológico sólo tenemos que ver con este segundo objeto (las especies del objeto a) pero es importante destacar que éste, lejos de adquirir sentido en sí mismo, lo hace sólo en tanto referencia y referido a este hueco primordial. Simultáneamente, se constituye el yo y su posibilidad de relaciones de amor (y odio) con objetos construidos desde representaciones globales de los mismos, los i (a).

Si la pulsión busca una satisfacción plena que nunca logra y, a pesar de esto, se satisface en este no-encuentro, en el registro de la diferencia entre lo buscado y lo encontrado, podemos decir que la actualización de esta diferencia, de esta falla, constituye la verdadera satisfacción pulsional. Satisfacción que se produce justamente en relación a la constatación de la falta de un objeto que colme la satisfacción buscada.*

Podría parecer que esto contradice la afirmación de que la pulsión buscaría la repetición de una vivencia primaria de satisfacción. Esta vivencia, no debe, en ningún caso, entenderse como satisfacción de la necesidad.

---

* Cualquier ilusión de que la satisfacción plena a la que la pulsión aspira ha sido encontrada, muestra su vertiente mortífera en tanto implica una detención del movimiento psíquico, deseante.

La necesidad, para el sujeto hablante, nunca existe como tal, en estado puro. Esto, por el hecho mismo de que el hombre habla y que sus necesidades deben decodificarse en términos de lenguaje. O lo que es igual, y según Lacan, pasar por los desfiladeros de la demanda (29). En este sentido, el lenguaje separa irremediablemente al hombre de una posible adecuación natural con cualquier objeto y éste, para el psicoanálisis, se constituye siempre como un objeto perdido. Perdido porque, por una exigencia de estructura (que implica una apelación a lo Simbólico, al lenguaje como primacía, al inconsciente como exigencia lógica) todo encuentro con un objeto alude, en sí mismo, a lo imposible de ser encontrado, a esta insatisfacción radical, paradójica fuente de satisfacción pulsional.*

La vivencia primaria de satisfacción, entendida como satisfacción lograda que pulsaría a ser repetida, no alude más que a un momento mítico, a una suerte de suposición de aquello que debiera haber existido: que una demanda sea comprendida por el otro exactamente y tal como fue formulada. Este imposible, a pesar de serlo, o justamente por ello, constituye la presión que pone en movimiento la subjetividad y es justamente la diferencia que surge en la relación entre demandas lo que pone en juego el deseo.

Gracias a la mediación que el lenguaje instaura en el ser humano, separándolo irreversiblemente del mundo natural, el sujeto, como sujeto del inconsciente, se constituye como sujeto deseante.

Ahora bien, el deseo, mientras por un lado se articula a la pulsión, por el otro se articula en fantasmas que, en sí mismos, no son más que la puesta en escena de este trabajo deseante. Estas escenificaciones soportan todas las formaciones del inconsciente. El análisis de

* En nota anterior, al hablar del deseo satisficiéndose en la identidad de percepción, decíamos que se debía aclarar qué tipo de percepción, o más bien qué objeto, se pone en juego en ella. Se trata siempre de constatar la presencia de la ausencia.

los síntomas, de los lapsus, de los actos fallidos conduce, inevitablemente, a la revelación de fantasías inconscientes (30).

Así como más arriba distinguíamos dos caras de lo reprimido originario, debemos distinguir dos aspectos en el movimiento del psiquismo. Debemos, además, encontrar su articulación con la sexualidad.

Veamos: por un lado la insatisfacción pulsional, la no adecuación en la respuesta a la demanda hace surgir al deseo que se escenifica en fantasías. Este aspecto tendría que ver con lo inscribible de la pulsión, con aquello de lo reprimido que logra ligarse y entrar en conexión con el sistema que se le opone. Esto daría lugar a los fantasmas que, cualquiera sea la variedad de su contenido, el análisis revela que remiten siempre a alguno de estos temas: la escena primaria, la castración, la seducción. Todos ellos intentan dar respuesta a un ¿por qué? acerca de los orígenes: sobre el origen del sujeto, de la diferencia sexual, de la sexualidad misma. Ahora bien, estas fantasías no tienen sino la estructura de un mito. ¿Por qué sostenemos esto? Por un lado porque no hay ningún hecho de la experiencia, acontecimiento, que verifique la exactitud de estas respuestas. Es lo que Freud descubre cuando, sorprendido de que las histéricas le mienten, se ve conducido a las fantasías, a la realidad psíquica de la sexualidad infantil. Así como a su eficacia (31). Por otro, porque este resto de lo no ligado que representa lo no inscribible de la pulsión, sigue presionando a un trabajo psíquico. Esta vez, en su carácter de enigma.

El deseo en su vertiente de escenificación fantasmática se relaciona siempre con la estructuración de un saber sobre la sexualidad. El aspecto enigmático, el resto, lo que clínicamente aparece bajo la modalidad de la angustia, sería aquello, de lo sexual, que no puede saberse. Esto, la castración, deberá articularse con la pregunta, siempre vigente, que lo inasimilable del otro, relacionado con lo más pulsional de la propia sexualidad, plantea al sujeto.

Lo que acabamos de describir, como complejo, es un aspecto de estructura en el sentido en que se deriva de la exigencia lógica de la represión originaria.

Pero el complejo de castración revela otro aspecto. En su dimensión imaginaria se relaciona con la premisa universal del pene, esto es, el falo, la suposición, en el sujeto infantil, de que sólo existe un órgano genital y que las opciones serían fálico o castrado. La suposición del falo, de que el único órgano es el pene, implica, a su vez, la imaginarización de un objeto inexistente: el falo de la madre. El niño fantasea una madre fálica y el falo materno es ocupado en primer lugar ni más ni menos que por él mismo. La investidura fálica del propio cuerpo constituye uno de los aspectos del narcisismo infantil que, predominantemente imaginario, implica una respuesta tranquilizadora al enigma que trae consigo el deseo del Otro.

Asimismo, la estructura del narcisismo, como articulación ideal del yo-yo ideal, supone la sujeción que, de la pulsión, conlleva la identificación. Pero la pulsión (y el aspecto más pulsional del deseo), como pulsión sexual, presiona en la exigencia de que otra cosa sea reconocida (32).

La relación con un objeto total sólo puede ser pensada como vicisitud yoica (narcisista), nunca como vicisitud pulsional. No hay pulsión genital, integradora. En su carácter de parcial se relaciona con un resto, parcial a su vez. Y se articula a un objeto cuyo status se fundamenta en su capacidad para presentificar una alusión a la castración. Objeto que presentifica lo separado, lo separable, el corte que metaforiza la división subjetiva, la Spaltung del sujeto.

La comprobación empírica de la diferencia de los sexos, aunada a las amenazas reales de castración, confrontan al niño con la premisa fálica. Esta confrontación constituye el complejo de castración en su dimensión imaginaria que, angustia de castración en el varón, envidia del pene en la niña, conforma lo nodular de toda constitución subjetiva. El sujeto, mediante la producción de teorías sexuales infantiles, de fantasías inconscientes, estructurando un mito, la "novela familiar del neurótico", defenderá, en la medida de lo posible, su integridad narcisística, renegando y reprimiendo el saber sobre la diferencia, el saber sobre la falta de falo. Estas producciones son sólo parcialmente exitosas porque, si bien intentan negarlo, el enigma persiste. Y exige ser reconocido como enigma para el cual nunca habrá respuesta última ni definitiva. Lo angustiante, lo traumático de la sexualidad, tiene que ver con esto. Atravesar el complejo de castración implica una mayor posibilidad de soportar los enigmas y las preguntas que éstos conllevan. Para el propio deseo así como para el deseo del Otro, entendidos como deseos inconscientes, no hay respuestas últimas ni tranquilizadoras. Es más, el deseo supone la tolerancia del desconocimiento.

Freud fue terminante en plantear que, de complejo de castración, sólo debía hablarse en la etapa fálica, en aquella que pone en juego, no el objeto de la oralidad ni el de la analidad, sino que se relaciona con la diferencia sexual y con lo que pone en marcha la asunción de las identificaciones típicas para cada sexo (33).

Sólo por una cierta elaboración de la etapa fálica el varón llegará a ser varón y la niña, niña. Con la posibilidad de entrada en una relación genital que debe entenderse como aquella en que el deseo apunta al deseo en el otro (34). Esto sólo es posible en tanto haya una cierta aceptación de que, de lo sexual, no hay saber ni garantía. Todas las formaciones sintomáticas implican una dimensión en que no se quiere saber que no hay tal saber ni garantía y otra, en tanto son formaciones transaccionales, en que el saber de la falta y la falta de saber intentan hacerse reconocer.

La investigación sexual infantil oscila entre un deseo de saber y un deseo de desconocimiento. Esto se

escenifica en la dialéctica de las relaciones edípicas (35).
El niño, cuya posición originaria, cuya primera identificación narcisística es la de falo materno, por la intervención de la función del padre, de la prohibición que éste instaura en relación al deseo incestuoso, se verá conducido a preguntarse por el deseo (repetimos: imaginarse ser el falo es más una respuesta que una pregunta) entrando en una dialéctica de la sustitución.

Esta posibilidad de entrada en procesos de sustitución y desplazamiento es esencial para que el sujeto se constituya, en su singularidad, como deseante. El deseo se realiza pero disfrazándose, sometiéndose a la represión a la vez que transgrediéndola. Por eso el inconsciente sólo se realiza traspuesto: "...la representación inconciente como tal es del todo incapaz de ingresar en el preconciente, y que sólo puede exteriorizar ahí un efecto si entra en conexión con una representación inofensiva que ya pertenezca al preconciente, transfiriéndole su intensidad y dejándose encubrir por ella. Este es el hecho de la transferencia..." (36) Este es el sentido primero, nunca abandonado, del concepto de transferencia en el pensamiento freudiano. Llegamos así al cuarto y último concepto fundamental que abordaremos.

La transferencia consiste en un cambio de inscripción, en ese movimiento por el que el deseo, vinculado a la representación-cosa, entra en conexión con representaciones-palabra, preconscientes, como única posibilidad de volverse efectivo. Al pensar la transferencia en la relación analizante-analista no debe perderse de vista la articulación con esta definición conceptual. El analista sería una representación, un efecto del inconsciente del analizante alrededor del cual se articularía su deseo, pretexto para que entren en conexión y adquieran posibilidad de expresión, de efectuación, sus representaciones inconscientes, su deseo como reprimido, sexual, infantil. El sujeto del inconsciente, como efecto de un campo, el de los efectos de la palabra, guarda relación con el momento en que ese campo se revela (37). Este momento corresponde a la transferencia. Esta manera de concebir la relación transferencial, como efectuación del inconsciente, "la transferencia es la puesta en acto de la realidad del inconsciente...", (38) jerarquiza lo que en ella se pone en juego del orden simbólico. Si el inconsciente sólo adquiere efectividad transpuesto, la transferencia es intrínseca al mismo. No se trata de transferencia de afectos. No es que ésta no se dé. Pero queremos remarcar el hecho de que viendo este único aspecto o considerándolo como predominante, se pierde de vista el sentido que, más riguroso, articulado metapsicológicamente, tópicamente, toma en la definición freudiana. Transferencia positiva, de amor; transferencia negativa de afectos agresivos, se dan, sí, pero como efectos yoicos, como dimensión imaginaria que vehiculiza aquello que se trata de poner en juego, en cuestión: algo del orden del ser.

Quedándonos en esta dimensión imaginaria asimilamos inconsciente a yo, sujeto del inconsciente a individuo. Se pierde esa perspectiva por la cual un sujeto, en análisis, busca que algo de su ser se reconozca. Reconocimiento nada ajeno a que, por el hecho de hablar, y por la eficacia de la interpretación como efecto también de palabra, lo no-reconocido, resto de lo simbólico,* vaya ganando terreno y entre, gracias a la posibilidad de conexiones, de transferencia, a tomar un lugar en el registro simbólico. A inscribirse, a ser hecho de palabra. Trabajo con lo inconsciente para evocar,** desde allí, lo más pulsional, lo reprimido sexual. Largo recorrido de discurso mediante el cual, desde lo que repite en el decir del analizante, se irá al encuentro de lo excluido, en un esfuerzo por inscribirlo. Lo que hasta entonces tenía forma de angustia, o de síntoma, de lenguaje que no alcanzaba a decirse con palabras, en el

_____

* Que definíamos como lo traumático, lo angustiante, lo no ligado, lo que constituye el nódulo de la castración.
** Evocamos aquí otra dimensión de la transferencia: su dimensión real.

proceso del análisis encontrará esas palabras faltantes. A condición de que éstas no se postulen como un saber obturante, que reserven un lugar para el enigma.

Aquello carente de palabra, excluido de lo simbólico, vinculado a lo reprimido originario, proponemos nombrarlo "infantil".

Lo infantil en psicoanálisis no es lo propio de niños sino lo sexual, lo reprimido.

Es evidente que hemos producido un deslizamiento desde la idea de "infantil = niño = persona" hacia la de "infantil = reprimido = sexual". De lo infantil como representación preconsciente a infantil en su dimensión inconsciente. Del signo al significante (39). Si mantenemos esta manera de pensar lo infantil sostendremos que cualquiera, adulto o niño en lo que hace a su edad cronológica, sufre de lo infantil en él, de aquello que presiona por ser reconocido. Y que es con lo infantil, con el niño que somos todos con lo que el psicoanálisis trabaja. Es por eso que sostenemos que, en tanto psicoanalistas, no es posible no analizar un niño (40).

Y sostenemos también que, si esto es lo esencial que pone en juego todo análisis, la pregunta sobre su posibilidad no debe girar alrededor de cuestiones de edad de aquel que enuncia su demanda de ser analizado. En todo caso, si hay preguntas sobre lo posible en análisis, que las hay, éstas deberán plantearse según las coordenadas conceptuales de este campo teórico.

Hay preguntas, hay muchos problemas no resueltos en psicoanálisis. Hay límites a la práctica, hay oscuridades teóricas y técnicas. Existen los fracasos terapéuticos. Pero debemos abordar estos problemas como problemas psicoanalíticos no justificándose el hacerlo desde otros campos, al menos no si esto implica renunciar al descubrimiento freudiano.

Este criterio guiará nuestro trabajo en los capítulos siguientes.

En el marco de esta definición de inconsciente, repetición, pulsión y objeto y transferencia, debemos conceptualizar el proceso analítico.

Decimos de un sujeto que quiere analizarse cuando podemos precisar una demanda de ser escuchado como forma de articular una demanda de saber. Saber acerca de lo que ignora como produciendo la sintomatología de la que sufre. Nuestra posición de analistas nos compromete en una concepción por la cual las producciones sintomáticas las pensamos como hechos de discurso, formaciones inconscientes homeomórficas al inconsciente mismo.

El paciente trae sus síntomas y pide saber acerca de ellos, demandando saber algo más acerca de sí mismo en esta pregunta por aquello que no puede dejar de reconocer como propio a la vez que declara como siéndole ajeno y extraño.

Se trate de su fobia, su obsesión, de un síntoma que interese a su cuerpo o de un fracaso en sus objetivos vitales, no alcanza a explicarse la razón de aquello que afecta su vida y para la modificación de lo cual (modificación que demanda en la medida en que en los síntomas está comprometido su sufrimiento) no le sirven las explicaciones o medidas que pueda tomar conscientemente.

Y se dirige a aquel en quien supone un saber sobre aquello, de sí mismo, de lo que padece. Requisito para que se instale una relación transferencial en sentido específico o sea aquella que soportará todo el proceso de la cura. El analista demandará a su paciente que hable o, si es niño, que juegue, respondiendo así a la demanda única a la que se debe atender, la demanda del paciente de ser escuchado y de que su discurso sea interpretado. No puede iniciarse un análisis si el analista no acepta ocupar el lugar, adjudicado por el analizante, de ser un sujeto que sabe, que sabe sobre el inconsciente y el deseo del otro. Y el analista, efectivamente, sabe. Pero, a diferencia de lo que el paciente le supone saber, éste sabe algo bien distinto: que sobre el inconsciente del otro nada sabe y que, si algún saber hay, éste sólo podrá desplegarse en el desenvolvimiento del discurso. Por eso demanda a su paciente que hable. Y el habla del paciente se fundamenta justamente en esto: en que hay un no-saber que produce un saber particular. Que, a diferencia de todo conocimiento, es un saber, el del inconsciente, en el que se va realizando una verdad subjetiva que afecta en la singularidad a cada sujeto. Verdad que parcialmente se dice en los síntomas y frente a los cuales el análisis ofrece una vía diferente sólo y en tanto ofrece otras vías para la liberación de la palabra.

No se trata de llevar al sujeto a ninguna suerte de maduración o adaptación a normas cuyo detentador sería el analista. Por lo contrario, se trata de llevarlo hacia lo más verdadero de sí mismo. Es en este sentido que el análisis no supone la identificación del analizante con el analista ni la ubicación de éste en el lugar de ningún ideal del yo.

Si bien es éste el punto en que un análisis se inicia, el analista, en tanto sabe que de lo más verdadero de su paciente es sólo él (el paciente) quien podrá dar cuenta, se destituirá progresivamente de cualquier ocupación de ideal. No es otra cosa la elaboración de la transferencia.

Y en este trabajo, ni corto ni fácil, no sin dificultades ni sufrimiento, el sujeto irá aproximándose a aquello de sí mismo y que en sí mismo es causa de lo que lo llevara a demandar análisis. Aproximándose a su propia división subjetiva, a su propia castración. Este trabajo implicará un alivio sintomático, importante como efecto del trabajo analítico. No obstante, un verdadero proceso de análisis no se conformará con este objetivo terapéutico. Avanzará un poco más en la vía de que el sujeto se aliene un poco menos de su deseo para que, desde una relación diferente con el mismo, con la sexualidad, con lo reprimido, se abran las promesas de actos de sublimación.

Como acceso a la verdad vale todo lo que el sujeto diga. Porque la verdad se dice como puede. En este sentido diferenciamos verdad de exactitud. La verdad que nos interesa no es la de una supuesta adecuación normativa, del orden de ninguna objetividad. No pretendemos un acceso a la objetividad sino todo lo contrario, un camino hacia el despliegue de la subjetividad más radical.

Escuchamos la historia y el relato del paciente buscando poder determinar los acontecimientos significantes que marcaron su vida de sujeto. Esto es, los acontecimientos alrededor de los cuales se ha tramado una estructura deseante. Aquellos que señalan hitos en la constitución de lo nuclear para toda subjetividad: el complejo de castración.

Como el complejo de castración se anuda indisolublemente a las vicisitudes de la pulsión y en tanto ésta sólo se articula a un objeto en las vicisitudes de una historia no podremos determinar, a priori, o sea antes de que el sujeto despliegue su única y exclusiva versión de su historia, a qué objeto privilegiado se haya anudado su deseo.

Esto, la articulación particular de su deseo a un objeto será una construcción del análisis en la medida en que éste pueda ir más allá de los síntomas a la búsqueda del fantasma en que se entrama la peculiaridad más íntima de cada uno.

Un cambio en la relación consigo mismo, esto es lo que persigue el análisis. Trocar síntomas por una relación diferente con la propia castración y con la singularidad del deseo inconsciente, para el cual no hay garante. Siendo éste, en realidad, garantía de subjetividad. Un análisis abrirá los caminos del deseo en tanto abra los caminos de la palabra.

Cuando un paciente adulto habla en análisis, cuando un niño juega, a lo que la escucha analítica se dirige no es a la palabra o al juego como elementos de la comunicación, como los soportes a través de los cuales se haría referencia a una realidad objetiva. El discurso (verbal o lúdico) tal como lo entiende el análisis es el medio en el cual y por el cual un sujeto se realiza. De la subjetividad, lo que se inscribe como simbólico alcanza una dimensión de lenguaje. El resto, soporte de la transferencia, implica esa dimensión de acto gracias al cual, en análisis, se actualiza el sujeto del inconsciente.

De una adecuación objetivante al reconocimiento de la subjetividad, de la exactitud a la verdad, de un saber referencial a un saber textual en que se cifra el inconsciente, de la palabra como comunicación a la dimensión de pacto que ésta conlleva, de la tendencia a la maduración al reconocimiento de la Spaltung insuperable del sujeto, de la idea de un objeto natural y adecuado al que se vincularía la pulsión sexual a la noción radical de falta de objeto, ése es el tránsito que conduce desde cualquier teoría psicológica a la teoría que no se subsume ni adecua a ninguna de ellas: el psicoanálisis.

NOTAS DEL CAPITULO II

1 FREUD, S.: "La represión" en *Obras Completas*, Buenos Aires, Amorrortu editores, 1979, Tomo XIV, pág. 143.

2 Esta aseveración se irá aclarando, más adelante, en el texto.

3 FREUD, S.: "Lo inconciente" en op. cit., págs. 197-198.

4 FREUD, S.: "Proyecto de psicología" en op. cit., 1982, Tomo I, pág. 376.

5 El lado cosa del semejante, tal como Freud lo trabaja en el Proyecto es denominado por él "Ding" que, según nota del traductor al español que aparece en "Apéndice C. Palabra y cosa" en op. cit., Tomo XIV, pág. 211, indica la cosa material. La representación-cosa que, según el trabajo "Lo inconciente" (en el capítulo VII: El discernimiento de lo inconciente) corresponde a la representación inconsciente, es denominada por Freud, Sachvorstellung. De acuerdo a la nota ya mencionada la diferencia entre Ding y Sache es que esta última indica, no la cosa material sino la cosa del pensar. Esta diferencia de términos sería coherente con que Sachvorstellung da cuenta de la cosa inscripta, núcleo de los pensamientos inconscientes.

6 Esto está planteado por Lacan en el *Seminario VII. La Etica del psicoanálisis*, inédito.

7 FREUD, S.: "La represión" en op. cit., pág. 143.

8 Para pensar el factor causal del trabajo psíquico es necesario articular la fijación que implica la represión con el hecho de que lo fijado es un representante de la pulsión. Y, en relación con la pulsión y la causalidad citaremos el siguiente párrafo de "Más allá del principio del placer": "La pulsión reprimida nunca cesa de aspirar a su satisfacción plena, que consistiría en la repetición de una vivencia primaria de satisfacción; todas las formaciones sustitutivas y reactivas, y todas las sublimaciones, son insuficientes para cancelar su tensión acuciante, y la diferencia entre el placer de satisfacción hallado y el pretendido engendra el factor pulsionante..." Freud, S.: "Más allá del principio del placer", en op. cit., 1979, Tomo XVIII, pág. 42.

9 FREUD, S.: "Fragmentos de la correspondencia con Fliess" en op. cit., 1982, Tomo I, Carta 52, pág. 274.
—, "Nota sobre la pizarra mágica" en op. cit., 1979, Tomo XIX, pág. 244.
—, "Lo inconciente" en op. cit., 1979, Tomo XIV, pág. 168.
—, "La interpretación de los sueños" en op. cit., 1979, Tomo V, págs. 531-532.

10 INDART, JUANQUI: "...Porque (por qué) *una* 'taza' es *el* 'pecho' (?)" en *Revista Cero*, Buenos Aires, Grupo Cero, 1974, N° 1, pág. 5.

11 LACAN, J.: *Seminario XI. Los cuatro conceptos fundamentales del psicoanálisis*, Barcelona, Barral Editores, 1977, pág. 224.

12 FREUD, S.: "Lo inconciente", en op. cit., pág. 198.

13 LACAN, J.: *Los cuatro conceptos...*, op. cit., pág. 226.

14 LACAN, JACQUES: "La significación del falo" en *Escritos I*, México, Siglo XXI Editores, 1971, págs. 284 y 286.

15 FREUD, S.: "Sobre las teorías sexuales infantiles" en op. cit., 1979, Tomo IX, págs. 189 a 196.
Para este tema también se puede consultar: Laplanche y Pontalis: "Fantasía originaria, fantasía de los orígenes, origen de la fantasía" en Green y otros: *El inconsciente freudiano y el psicoanálisis francés contemporáneo*, Buenos Aires, Ediciones Nueva Visión, 1969, págs. 105 y sigs.

16 Esta tesis está comentada por Jacques-Alain Miller en su trabajo "Algoritmos del psicoanálisis" en *Ornicar?*, Barcelona, Ediciones Petrel, 1981, El saber del psicoanálisis/2.
En cuanto a nosotros, sólo podemos hacer un comentario escueto y resumido (lo contrario implicaría un extensísimo trabajo en la medida en que esta tesis recorre todo el pensamiento lacaneano). Digamos que rescata, de Freud, el sentido tópico, sistemático, del concepto de inconsciente. Además, y siguiendo una tradición saussuriana, el carácter de sistema de la lengua así como el concepto, desarrollado por Saussure, de valor. También de este lingüista toma el término de significante en tanto corresponde a uno de los elementos del signo. Sin embargo, en psicoanálisis, significante adquiere otra dimensión teórica en tanto se lo define como lo que representa al sujeto del inconsciente. La importación que Lacan hace de un concepto de la lingüística no es sin haber operado transformaciones sobre el mismo. En Lacan, el signo saussuriano está invertido, la barra es resistente a la significación y, por otra parte, al hablar de signo saussuriano como de algoritmo, Lacan le aplica un concepto proveniente del campo de las matemáticas. De la lingüística, esta vez vía Jakobson, Lacan asimila las operaciones del proceso inconsciente, condensación y desplazamiento, a las figuras retóricas de la metáfora y la metonimia relacionando esto con los ejes sintagmático y paradigmático del lenguaje.
Para este tema se puede consultar: "Función y campo de la palabra y del lenguaje en psicoanálisis" en *Escritos I*, op. cit., págs. 59 y sigs., así como "La instancia de la letra en el inconsciente o la razón desde Freud" en op. cit., págs. 179 y sigs.

17 Para este punto se puede recurrir al "Indice razonado de los conceptos principales" que figura al final de los dos tomos en que está publicada la obra escrita de Lacan. En particular véase "La supremacía del significante" en *Escritos...*, op. cit.

82

18 FREUD, S.: "Más allá del principio del placer" en op. cit., Tomo
XVIII, págs. 7 y sigs., y "La interpretación de los sueños"
en op. cit., Tomos IV y V.

19 "Principio de placer. Uno de los dos principios que, según
Freud, rigen el funcionamiento mental: el conjunto de la
actividad psíquica tiene por finalidad evitar el displacer y
procurar el placer. Dado que el displacer va ligado al aumento
de las cantidades de excitación, y el placer a la disminución de
las mismas, el principio de placer constituye un principio
económico". Laplanche y Pontalis: *Diccionario de Psicoanálisis*, Barcelona, Editorial Labor, 1971, pág. 306.

20 FREUD, S.: "Recordar, repetir y reelaborar (Nuevos consejos
sobre la técnica del psicoanálisis, II)" en op. cit., 1980, Tomo
XII, pág. 152.

21 FREUD, S.: "Recordar, repetir..." en op. cit., pág. 153.

22 FREUD, S.: "Más allá..." en op. cit., pág. 16.

23 FREUD, S.: "Más allá..." en op. cit., pág. 17.

24 FREUD, S.: "Más allá..." en op. cit., pág. 20.

25 FREUD, S.: "Más allá..." en op. cit., pág. 24 y sigs.

26 FREUD, S.: "Pulsiones y destinos de pulsión" en op. cit., 1979,
Tomo XIV, pág. 113 y sigs.

27 "...la pulsión sádica en la neurosis obsesiva. Aquí hallamos
la vuelta hacia la persona propia sin la pasividad hacia una
nueva. La mudanza llega sólo hasta la etapa *b*. De la manía
de martirio se engendran automartirio, autocastigo, no maso-
quismo. El verbo en voz activa no se muda a la voz pasiva,
sino a una voz media reflexiva." Freud, S.: "Pulsiones y destinos de pulsión" en op. cit., pág. 123.

28 Toda una parte del Seminario XI está dedicada al tema de la
pulsión. En particular los capítulos XIII "Desmontaje de la
pulsión" y XIV "La pulsión parcial y su circuito". Lacan, J.:
Seminario XI. Los cuatro conceptos..., op. cit., pág. 167 y
sigs. y 179 y sigs., respectivamente.
Leemos en Freud: "Cuando la primerísima satisfacción sexual
estaba todavía conectada con la nutrición, la pulsión sexual
tenía un objeto fuera del cuerpo propio: el pecho materno.
Lo perdió sólo más tarde, quizá justo en la época en que el
niño pudo formarse la representación global de la persona a
quien pertenecía el órgano que le dispensaba satisfacción. Después la pulsión sexual pasa a ser, regularmente, *autoerótica...*" (el subrayado es nuestro). Freud, S.: "Tres ensayos de
teoría sexual" en op. cit., 1978, Tomo VII, pág. 202.
La pulsión sexual, parcial, autoerótica, vinculada a un objeto
perdido, por un lado, y el narcisismo, desde el cual se organizan representaciones globales de los objetos, se configuran
de manera sincrónica. Pudiendo entenderse la sincronía, pero

a la vez disyunción, entre sexualidad y narcisismo, como una de las formas en que se efectiviza la Spaltung subjetiva.

Es lo que pretendemos marcar con la transcripción de la cita y los correspondientes subrayados.

29 "El sujeto, comprometido por la satisfacción de su necesidad en los desfiladeros de la demanda..." Lacan, J.: "El deseo y su interpretación" en *Las formaciones del inconsciente*, Buenos Aires, Ediciones Nueva Visión, 1976, pág. 131.

30 "...las fantasías son los estadios previos más inmediatos de los síntomas patológicos de que nuestros enfermos se quejan." "No puedo omitir el nexo de las fantasías con el sueño." Freud, S.: "El creador literario y el fantaseo" en op. cit., 1979, Tomo IX, pág. 131.

31 "(...) Y enseguida quiero confiarte el gran secreto que poco a poco se me fue trasluciendo en las últimas semanas: ya no creo en mi 'neurótica'".

"... pero, ante ti y ante mí mismo tengo, en verdad, el sentimiento de un triunfo que el de una derrota (lo cual, empero, no es correcto)." Freud, S.: "Fragmentos de la correspondencia con Fliess" en op. cit., 1982, Tomo I, Carta 69, págs. 301-302.

32 La estructura del narcisismo la metaforiza Lacan con el esquema del florero invertido. Este punto, en el Seminario XI, está tratado en el capítulo XI "Análisis y verdad o el cierre del inconsciente" en op. cit., pág. 151.

Con respecto a ese más allá de la identificación, citaremos: "Pero hay otra función, que instituye una identificación de una naturaleza singularmente diferente, y que es introducida por el proceso de separación.

"Se trata de ese objeto privilegiado...: el objeto *a*."

"Ese objeto sostiene lo que, en la pulsión, se define y especifica en cuanto la entrada en juego del significante en la vida del hombre le permite hacer surgir el sentido del sexo. A saber, que para el hombre, y porque conoce los significantes, el sexo y sus significaciones siempre son susceptibles de presentificar la presencia de la muerte." Lacan, J.: *Los cuatro conceptos...*, op. cit., pág. 261.

33 FREUD, S.: "La organización genital infantil (Una interpolación en la teoría de la sexualidad)" en op. cit., 1979, Tomo XIX, págs. 146-147.

34 "¿No se puede acaso percibir en esta tercera fase genital, esta conjunción del deseo más interesada en la demanda del sujeto, que debe encontrar su garante, su idéntico en ese deseo del deseo?" Lacan, J.: *Seminario VIII. La Transferencia*, 29 de marzo de 1961, inédito.

35 Véase FREUD: "Tres ensayos..." en op. cit., págs. 176 a 179.

36 FREUD, S.: "La interpretación de los sueños" en op. cit., 1979, Tomo V, pág. 554.

37 LACAN, J.: *Los cuatro conceptos...*, op. cit., pág. 134.

38 LACAN, J.: *Los cuatro conceptos...*, op. cit., pág. 154.

39 "...necesitamos reducirlo todo a la función de corte en el discurso; el más fuerte es el que forma una barra entre el significante y el significado. Aquí se sorprende al sujeto que nos interesa, puesto que al anudarse en la significación, lo tenemos ya alojado en la égida del preconsciente." Lacan, J.: "Subversión del sujeto y dialéctica del deseo en el inconsciente freudiano" en *Escritos I*, op. cit., pág. 312.

"Nuestra definición del significante (no hay otra) es: un significante es lo que representa al sujeto para otro significante." Lacan, J.: "La subversión..." en op. cit., pág. 330.

El significante se diferencia del signo en tanto este último es lo que significa algo para alguien.

40 Decimos "no es posible no analizar un niño" que pretendemos radicalmente diferente de plantear "es posible analizar un niño". La formulación que proponemos sitúa el problema en las coordenadas de la denegación freudiana, destacando la dimensión simbólica y el sujeto del inconsciente. Por otro lado, sus posibilidades polisémicas son mucho mayores, abriendo hacia distintas líneas de significación.

CAPÍTULO III

El juego. Escritura pulsional, constitución del yo

"...todo niño que juega se comporta como un poeta..." (1)

Y si por poesía entendemos el "crear algo con la palabra" (2) reconoceremos, en la enunciación freudiana, el carácter creativo así como su ser de palabra, intrínsecos al juego y al jugar.

Platón, que "quería expulsar a los poetas de la 'República' por 'mentirosos'", (3) admitía, por otro lado, "que la poesía es una locura, pero locura 'divina'". (4) Y los dioses, afirma Lacan, se encuentran en lo real. (5)

"Menino de Cheshire" (...) "¿Me podrías indicar, por favor, hacia dónde tengo que ir desde aquí?"

"Eso depende de a dónde quieras llegar", contestó el Gato.

"A mí no me importa demasiado a dónde...", empezó a explicar Alicia.

"En este caso, da igual hacia a dónde vayas", interrumpió el Gato.

"...siempre que *llegue* a alguna parte", terminó Alicia a modo de explicación.

"¡Oh! Siempre llegarás a alguna parte", dijo el Gato, "si caminas lo bastante".

A Alicia le pareció que esto era innegable, de forma que intentó preguntarle algo más: "¿Qué clase de gente vive por estos parajes?"

"*Por ahí*", contestó el Gato volviendo una pata hacia su derecha, "vive un sombrerero; y *por allá*", continuó volviendo la otra pata, "vive una liebre de marzo. Visita al que te plazca: ambos están igual de locos".

"Pero es que a mí no me gusta estar entre locos", observó Alicia.

"Eso sí que no lo puedes evitar", repuso el Gato; "todos estamos locos por aquí. Yo estoy loco, tú también lo estás".

"Y ¿cómo sabes tú si yo estoy loca?", le preguntó Alicia.

"Has de estarlo a la fuerza", le contestó el Gato; "de lo contrario no habrías venido aquí".

Alicia en el País de las Maravillas (6)

Veamos esta locura de Alicia, del Gato, la Liebre o del Sombrerero.

Esta locura de poeta, de niño que juega. Locura divina, inspirada en lo real.

"Lo real es lo imposible" y lo imposible "lo que no cesa de no escribirse", (7) leemos en Lacan.

Lo que no cesa de no escribirse, la falta de relación, la cosa, imposible, inconmensurable del Otro, evocado en la alternancia de ausencias y presencias y convocado, convidado de piedra, "roca viva" de la castración, (8) por la escritura de lo que no cesa de escribirse. (9) Estructura inconsciente imaginarizada en palabras, sueños, juegos. Lo convocado: el más allá del principio del placer, la pulsión que, de muerte, opera en silencio. Que, como el infans, no habla. Siendo, sin embargo, fundamento de toda palabra.

Un infante silencioso que solamente a partir del silencio/ausencia del Otro obtendrá la licencia, volviéndose licencioso en la utilización de lalengua (10) pulsional, de inventar sus decires singulares.

La poesía, el juego, la actividad creadora, locura divina dirá Platón, locura, escritura pulsional, escritura de lo real, diremos nosotros.

Inspirada en la pulsión a la vez que invocándola y evocándola, a ella, la que no se escribe porque no habla, en los intersticios de lo que no es otra cosa que trabajo de escritura: la compulsión a la repetición.

Ley de lo simbólico a propósito de la cual Freud cita un fenómeno: el juego infantil.

El o-o-o-o (fort), (se fue), con que un pequeño acompaña el arrojar un carretel de madera atado con un piolín tras la baranda de su cunita haciéndolo desaparecer para luego volverlo a encontrar, saludando su aparición con un Da (acá está).

"...he aprovechado una oportunidad que se me brindó para esclarecer el primer juego, autocreado, de un varoncito de un año y medio. Fue más que una observación hecha de pasada, pues conviví durante algunas semanas con el niño y sus padres bajo el mismo techo, y pasó bastante tiempo hasta que esa acción enigmática y repetida de continuo me revelase su sentido.

"El desarrollo intelectual del niño en modo alguno era precoz; al año y medio, pronunciaba apenas unas pocas palabras inteligibles y disponía, además, de varios sonidos significativos, comprendidos por quienes lo rodeaban. Pero tenía una buena relación con sus padres y con la única muchacha de servicio, y le elogiaban su carácter 'juicioso'. No molestaba a sus padres durante la noche, obedecía escrupulosamente las prohibiciones de tocar determinados objetos y de ir a ciertos lugares, y, sobre todo, no lloraba cuando su madre lo abandonaba durante horas; esto último a pesar de que sentía gran ternura por ella, quien no sólo lo había amamantado por sí misma, sino que lo había cuidado y criado sin ayuda ajena. Ahora bien, este buen niño exhibía el hábito, molesto en ocasiones, de arrojar lejos de sí, a un rincón o debajo de una cama, etc., todos los pequeños objetos que hallaba a su alcance, de modo que no solía ser tarea fácil juntar sus juguetes. Y al hacerlo profería, con expresión de interés y satisfacción, un fuerte y prolongado 'o-o-o-o', que, según el juicio coincidente de su madre y de este observador, no era una interjección, sino que significaba *fort* (se fue). Al fin caí en la cuenta de que se trataba de un juego y que el niño no hacía otro uso de sus juguetes que el de jugar a que 'se iban'. Un día hice la observación que corroboró mi punto de vista. El niño tenía un carretel de madera atado con un piolín. No se le ocurrió, por ejemplo, arrastrarlo tras sí por el piso para jugar al carrito, sino que con gran destreza arrojaba el carretel, al que sostenía por el piolín, tras la baranda de su cunita con mosquitero; el carretel desaparecía ahí dentro, el niño pronunciaba su significativo 'o-o-o-o', y después, tirando del piolín, volvía a sacar el carretel de la cuna, saludando ahora su aparición con un amistoso *'Da'* (acá está). Ese era, pues, el juego completo, el de desaparecer y volver. Las más de las veces sólo se había podido ver el primer acto, repetido por sí solo incansablemente en calidad de juego, aunque el mayor placer, sin ninguna duda, correspondía al segundo." [6]

Reproducimos también la nota a pie de página marcada en el texto con el número 6: "6. Esta interpretación fue certificada plenamente después por otra observación. Un día que la madre había estado ausente muchas horas, fue saludada a su regreso con esta comunicación: '¡Bebé o-o-o-o!'; primero esto resultó incomprensible, pero pronto se pudo comprobar que durante esa larga soledad el niño había encontrado un medio para hacerse desaparecer a sí mismo. Descubrió su imagen en el espejo del vestuario, que llegaba casi hasta el suelo, y luego le hurtó el cuerpo de manera tal que la imagen del espejo 'se fue'."

Y sigue el texto: "La interpretación del juego resultó entonces obvia. Se entramaba con el gran logro cultural del niño: su renuncia pulsional (renuncia a la satisfacción pulsional) de admitir sin protestas la partida de la madre." (11)

El niño admite sin protestas, renunciando a la satisfacción pulsional, la partida de la madre. ¿Qué buscaría la pulsión? "La pulsión reprimida nunca cesa de aspirar a su satisfacción plena, que consistiría en la repetición de una vivencia primaria de satisfacción..." (12); vivencia de encuentro con la madre, de goce absoluto en la disolución incestuosa, satisfacción plena que anularía toda diferencia bajo el imperio de la muerte. Y el gran logro cultural del niño: triunfo absoluto de la represión, admisión sin protestas. Una vez más: anulación de diferencias, establecimiento del silencio —de muerte— que pretende la represión.

Renuncia a la satisfacción pulsional de admitir sin protestas...

¿Podríamos acaso decir que este gran logro cultural de no protestar es otra manera, la que obliga la represión, de satisfacción pulsional? Y satisfacer la pulsión —de muerte— ¿no será la muerte? *

Es Dick, el pacientito de Melanie Klein que no protestaba cuando su niñera lo dejaba en el consultorio de la analista, cuyo comportamiento carecía de sentido y de propósito, cuya conducta no tenía relación con ningún afecto ni angustia. (13)

Es Dick, totalmente inmerso en un real, sin muestra de ansiedad, habiendo fracasado hasta en el logro del primer tipo de identificación. (14) Prácticamente sin constituir el registro del simbolismo, este niño vive adherido, en su silencio autista, a la fantasía de estar adherido al cuerpo de la madre. Satisface la pulsión y paga por ello con toda su posibilidad de sujeto viviente.

Del otro lado el espejo, la represión que intenta discursos unitarios, imágenes de completud.

Es el caso de una niña que llevando el mismo nombre que su madre éste corresponde, además, al de una heroína de una serie de televisión famosa por sus características omnipotentes.

El síntoma principal por el que los padres consultan consiste en pensamientos obsesivos acerca de la muerte de su abuela, a la que todos nombran, en especial las nietas, con el apodo de "Maga" (que corresponde a "mamá grande" pero que coincidentemente colabora en la constitución de fantasías alrededor de figuras femeninas poderosas y autosuficientes).

La niña padece básicamente a causa de estas fan-

---

* La muerte subjetiva, del sujeto sumergido en lo real del goce.

tasías de muerte de su abuela, sintiéndose responsable de su vida y su posible fallecimiento. Pero, con independencia de este síntoma específico, toda su estructura, de tipo obsesivo, la hace ser una niña excesivamente seria, responsable, excelente alumna, mas con mucha dificultad para jugar, divertirse, estar contenta. Su talante es predominantemente depresivo y puede pasarse muchas horas del día, cuando no tiene una tarea que cumplir, tirada en un sillón chupándose el dedo.

Su madre, una mujer inteligente y hermosa, ama a su marido pero toda su vida matrimonial está signada por las dificultades de relación, peleas, desentendimientos, que no son sino efecto de las dificultades sexuales de la pareja. La señora reconoce problemas de frigidez. Asimismo se reconoce frígida en la relación con su hija mayor, motivo de la consulta: es difícil acariciarla, tocarla, hacerle mimos. Aproximadamente cuando ella tenía la edad que ahora tiene la niña su padre abandonó el hogar. Habiendo recuperado la relación con él ya siendo una adulta, éste, que siempre repudió su matrimonio, vuelve a alejarse con el nacimiento de ésta, su primera hija.

El padre de nuestra paciente, exitoso y reconocido en su actividad profesional, aparece debilitado en el interior de la familia: las dificultades en la relación con su mujer lo cuestionan como hombre pero también como padre, sintiéndose inhibido de ejercer una función de corte que separe a esta niña de reconocimientos especulares en que quedan atrapadas las mujeres de esta familia.

Ubicada en una sucesión de tres generaciones de mujeres "autosuficientes", fantasía en la que todas intentan sortear la angustia de castración, esta niña anuda y carga con el peso de seguir soportando la tarea del mutuo reconocimiento femenino de poderlo todo: aun de disponer de la vida y de la muerte.

Omnipotencia que revela su otra cara: impotencia para jugar, desear y gozar.

Como en esta coagulación especular la represión intenta borrar toda marca de diferencia. Pretende desconocer lo pulsional inventando vertientes de desexualización. Individuos que se reconocen en identificaciones imaginarias, sujetos perdidos para el juego del deseo. El intento desexualizante operado por la represión lleva, una vez más, al silencio de la indiferencia, a la nivelación mortífera que, pretendiendo desconocer lo pulsional, no hace sino someterse a su vocación de silencio. Que sólo los síntomas pueden romper.

Pero está el juego. Juego que no admite, como la represión, sin protestas, la insatisfacción pulsional. Protesta de vida que es también declaración de fe y creencias.

Entre el goce autista de la satisfacción pulsional y el goce del reconocimiento en el espejo, el juego, como la compulsión a la repetición, no logra la satisfacción buscada pero tampoco renuncia a encontrarla y repite, con la insistencia de lo reprimido, esta diferencia, escribiendo sin cesar el fracaso. Aludiendo, como fracaso (pérdida) de goce, al más allá que el placer conlleva.

El juego renuncia a la satisfacción pulsional en tanto ésta se entienda en la vertiente del goce; sea éste el de un cuerpo-a-cuerpo con la madre, sea éste el goce de un supuesto puro simbólico en que la represión instauraría de una vez y para siempre la dominación significante.

Pero es satisfacción de la pulsión en tanto ésta, como pulsión sexual, se ordena bajo el primado del placer, admitiendo la instancia significante pero sin dejar de vehiculizar un deseo transgresor.

"Pero el hecho nuevo y asombroso que ahora debemos describir es que la compulsión de repetición devuelve también vivencias pasadas que no contienen posibilidad alguna de placer, que *tampoco en aquel momento pudieron ser satisfacciones*, ni siquiera de las mociones pulsionales reprimidas desde entonces." (15)

El nietecito de Freud juega para no tener que renunciar a la búsqueda de la satisfacción pulsional así como para no quedar capturado en el espejo. Quizá por eso, contemporáneamente al desarrollo de este juego, juega a desaparecerse del espejo para comprobar que puede "...verse a sí mismo como si no hubiese sido visto...", para constatar que "...'ser' está disociado del 'ser percibido'...". (16)

"Se trata, desde luego, de la acción de pulsiones que estaban destinadas a conducir a la satisfacción, pero ya en aquel momento no la produjeron, sino que conllevaron únicamente displacer. Esa experiencia se hizo en vano. Se la repite a pesar de todo: una compulsión esfuerza a ello." (17)

¿Y por qué la repetición de lo displacentero? Freud dirá que el principio del placer quedará abolido frente a una tarea más primordial para el psiquismo: ligar la excitación de impresiones traumáticas.

La compulsión a la repetición, en los sueños de la neurosis traumática, en los sueños de la transferencia, en el juego, repite y repite la escritura del fracaso en un intento de anulación del displacer, procurando que éste, el displacer de lo no simbolizable, lo no escribible, se inscriba y quede sometido a la economía del principio del placer.

El factor pulsionante, resultado de la diferencia entre el placer de satisfacción buscado y el hallado, divide un resto, traumático, término de la satisfacción buscada que pulsa, a su vez, por ser ligado, de un significante, término de la diferencia y materialidad de la satisfacción obtenida. División entre lo que siempre se escribe y hace cadena y lo imposible de ser escrito, lo que no cesa de no escribirse.

"Entonces, la tarea de los estratos superiores del aparato anímico sería ligar la excitación de las pulsiones que entra en operación en el proceso primario. El fracaso de esta ligazón provocaría una perturbación análoga a la neurosis traumática; sólo tras una ligazón lograda podría establecerse el imperio irrestricto del principio del placer (y de su modificación en el prin-

94

cipio de realidad). Pero, hasta ese momento, el aparato anímico tendría la tarea previa de dominar o ligar la excitación, desde luego que no en oposición al principio del placer, pero independientemente de él y en parte sin tomarlo en cuenta." (18)

Fort-da y lo que se debe ligar: la partida de la madre.

El pequeño arroja un carretel y lo recoge, lo vuelve a arrojar para volverlo a recoger. Relacionado con la partida de la madre, el juego, "...esfuerzo (Drang) de procesar psíquicamente algo impresionante, de apoderarse enteramente de eso...". (19)

La partida de la madre, ¿o será más bien la madre partida?

La explicación que Freud da acerca del sentido de este juego ubica lo impresionante, el eso del que el niño intenta apoderarse en el hecho de que la madre se aleje, experiencia que, dolorosa y displacentera, el juego intentaría elaborar al repetir en forma activa lo vivido pasivamente. Esta transformación de pasividad en actividad implicaría trastocar la vivencia displacentera en el placer de satisfacer un impulso de venganza.

Ni satisfacción pulsional plena, re-encuentro de una supuesta vivencia primaria de fusión con el objeto, ni silencio impuesto por la represión. Entre-esos-dos, el juego articula nuevos trayectos pulsionales.

Pero, si bien correcta, la interpretación freudiana no agota lo que se juega en este juego. Ni toca el punto central.

Pensar que es la ausencia de la madre lo que el juego simboliza implica dos cosas: en primer lugar supone un sujeto con una estructuración yoica constituida que se vincularía libidinalmente con un objeto (la madre). Además implica la posibilidad para el niño (cosa que se articula con lo anterior) de percibir esta ausencia de manera anterior e independientemente del juego.

Por el contrario, este juego nos parece constituir en sí mismo la apertura de esos dos campos: en el trazado de este nuevo camino pulsional es un yo que se estructura a la vez que se aísla la ausencia como tal.

Dice Lacan: "...lo que se abandona no es el otro en tanto que figura en que se proyecta el sujeto, sino ese carrete unido a él por un hilo que aguanta —donde se expresa lo que de él se desprende en esa prueba, la automutilación a partir de la cual el orden de la significancia se pondrá en perspectiva." (20)

Siendo un nuevo trayecto pulsional es un trazado que repite un movimiento de corte que, a una vez, inaugura un sujeto dividido, desgarrado entre su posibilidad inédita de decir "Yo" (Yo te echo, yo no te necesito, yo quiero que te vayas [21]) y aquello que "...pequeña cosa del sujeto (...) se separa aunque todavía perteneciéndole". (22)

Fort-da es, a la vez, inscripción de la pareja primitiva de significantes así como, objeto carrete mediante, organización primordial de la realidad fantasmática. El objeto le causa, marca al sujeto niño en su división a la vez que se constituye en matriz, por serlo de todo su universo fantasmático, de lo único que dará respuesta a la pregunta sobre su ser. El niño será con su objeto. (23)

¿Por qué decimos que es más bien la madre partida que la partida de la madre?

Porque no se trata de la presencia o ausencia reales de la misma sino de lo que éstas sugieren en lo que a su deseo, que la divide, interesa. La madre, al ausentarse, no sólo priva al niño de su presencia, lo lanza a interrogarse sobre lo que ella desea, sugiriendo, con la falta de palabra, con la falta de presencia, que de su deseo, el dominio, para el niño, será el de la incógnita.

El carretel, como objeto que da su vestimenta al que causaría el desfallecimiento del sujeto (quizás el niño imaginando ser mirado por su madre que, al irse, mostraría que su mirada deseante se dirige hacia otro objeto o, tal vez, desprendimiento que, como don, permite imaginar una respuesta a la demanda del Otro) es punto de articulación entre el deseo de la madre como deseo del Otro, el objeto *a*, primera identificación del sujeto y los i(a), objetos de la relación yoica imaginaria, a la vez que se articula —ideal del yo— con el acceso a la palabra.

Es esta dimensión originaria la que deberá rescatarse en todo análisis. No el juego en su aspecto instrumental, expresión de sentidos que ubicarían su despliegue en la dimensión cristalizada del signo. Es, en cambio, lo que el jugar reactualiza de la constitución subjetiva y que nos hace pensarlo vinculado a la sublimación, a esas posibilidades creadoras que, yendo más allá de los caminos marcados por la represión primaria, implican la posibilidad de inscripción de algo nuevo.

Si pensamos que Freud plantea tres ejemplos para dar cuenta de la ligadura original de lo traumático, no mera repetición de lo ya inscripto (que serían las posibilidades de las formaciones del inconsciente) a saber: los sueños de la neurosis traumática, el juego infantil y la experiencia de la transferencia, podemos pensar que el jugar en transferencia corresponde a una oportunidad bastante singular para un sujeto de posibilidades sublimatorias.

Distinguimos acá, como se sugiere más arriba, lo que serían los caminos de las formaciones del inconsciente que debemos pensar como marcados por los derroteros de lo que ha inscripto la represión y, de alguna manera, bajo su comandancia, de la sublimación (elevar un objeto a la dignidad de la cosa, dice Lacan en el seminario sobre La Etica [24]) que, según nos parece entender, conlleva la contingencia de una re-inscripción de lo reprimido primordial.

En este sentido nos parece necesario distinguir lo que del juego se ha trabajado como equivalente de una formación del inconsciente, el sueño, por ejemplo, en las teorizaciones de Melanie Klein. Este aspecto del juego lo acerca a lo que Freud plantea en la "Psicopatología de la vida cotidiana" bajo el término de actos sintomáticos. (25) El juego, así, sería equivalente, equivalente en su estructura queremos decir, al síntoma, al lapsus, al sueño, al acto sintomático. Hecho puntual en que el discurso del yo, preconsciente en Freud, trastabilla produciéndose algo del orden de la revelación del inconsciente. Se ha hablado bastante, en la literatura analítica sobre niños, acerca de los lapsus del juego, pretendiendo distinguir el juego en su dimensión manifiesta de los puntos de fractura del mismo a los que el analista debiera atender.

Sin desconocer este aspecto nosotros queremos marcar uno que nos parece más originario. Ya no se trataría del juego sino del jugar (en una división si se quiere un tanto arbitraria), actividad creadora que no podríamos adjudicar a un sujeto sino que, al contrario, lo soporta, lo trabaja, lo constituye. El jugar produciendo un sujeto. Winnicott, creemos, es quien más se ha acercado a aprehender la importancia de esta faceta. Como señala Maud Mannoni, Winnicott dejaba a los niños jugar. (26)

Quizás no sea superfluo remarcar que aquí se relacionan una concepción sobre el juego con una sobre la transferencia. Y que responden ambas a poner en evidencia que, en un caso como en el otro y, en análisis con niños en la conjunción de los dos, de lo que se trata es de ir más allá de la repetición en la apuesta de constituir una experiencia nueva, singular, inédita, en que algo nuevo se produzca como acontecer subjetivo.

En este sentido queremos plantear que uno de los logros del análisis de un niño debería pensarse relacionado con el desarrollo, cuando no la instauración, para él, de la capacidad de jugar. (Siempre, de una u otra forma, un niño que padece sufrimiento neurótico o psicótico, no puede jugar. En el primer caso la función está inhibida, en el segundo, profundamente distorsionado en tanto lo está la relación del sujeto al significante, el juego se desliza en la pendiente de convertirse en expresión de pulsiones agresivas o de transformarse en una búsqueda directa de gratificación sexual.)

Melanie Klein planteaba que no podía pensarse el fin de un análisis en un niño si no se había logrado, hasta donde las posibilidades de la edad lo permitían, la adquisición plena del lenguaje y la palabra. Acordamos con este planteo a condición de que explicitemos qué se entiende por hablar. De lo contrario el riesgo es caer en una concepción intelectualista y, psicológica otra vez, del análisis.

Si, como psicoanalistas, nos interesa el lenguaje, no en su dimensión de comunicación, de transmisión de un mensaje, sino como forma en que se despliega la subjetividad en la búsqueda de una respuesta a la pregunta sobre el ser, hablar no puede estar disociado de jugar.

Y, como Freud nos sugiere en su libro sobre el chiste, el niño juguetea con las palabras como forma de juego y de lenguaje. (27)

Jugando nosotros nos permitiremos decir que el niño también palabreará con juegos. Y que un análisis de un niño no habrá alcanzado su fin si éste no es capaz de jugar con las palabras y palabrear (hablar) con el juego. Entendiendo por esto que el niño, al jugar, disfrute del goce posible asociado a esta actividad en tanto ella, regida por el principio del placer, es capaz de conducirlo más allá del mismo, más allá del jugar para algo, en el goce que se encuentra en el jugar porque sí, porque es divertido jugar.*

Si el niño entra a análisis con una pregunta sobre su ser que nos entrega con la demanda implícita en sus síntomas, el despliegue de una cura consistirá en dar lugar al discurso, dimensión significante que, en él, encontrará su soporte predominantemente en lo que llamaremos, provisoriamente, significantes lúdicos. Desde allí, la dirección de la cura se orientará hacia el rescate de lo que, de pulsional, pone en juego el jugar, como

* No pretendemos con esto, ni mucho menos, agotar el problema del fin de análisis. Simplemente marcamos un aspecto, fenomenológico, a tener en cuenta.

goce posible y permitido, en esta torsión por la cual, y nos repetimos, ni triunfo de las pulsiones de muerte, ni silencio impuesto por la autoconservación, sino y en cambio, pulsión sexual, predominancia del juego, del deseo, de la sexualidad.

Y proponemos: Donde eso era, ahí —en otro lado— debe advenir el jugar...

Ahora bien, si el niño habla con el juego, ¿cómo escucharlo?

Esta pregunta nos lleva a analizar un tema que dejamos pendiente en el primero de nuestros capítulos y que corresponde al problema, uno de los ejes de la discusión Anna Freud-Melanie Klein, sobre el simbolismo.

Decíamos allí que la concepción kleineana sobre el simbolismo delataba el deslizamiento de la noción freudiana de inconsciente hacia sus vertientes más descriptivas haciéndolo finalmente coincidir con lo que en Freud es del orden preconsciente-consciente.

La idea de símbolo en la concepción kleineana se encuentra desarrollada por Hanna Segal en su artículo *Notas sobre la formación de símbolos.* (28)

En el marco de las posiciones esquizoparanoide y depresiva y de las relaciones de objeto, Segal retoma los cuatro puntos que Jones, en un trabajo de 1916, señala para diferenciar el verdadero simbolismo inconsciente de otras formas de representación indirecta.

Citamos: "1) Un símbolo representa algo reprimido de la conciencia y todo el proceso de simbolización se produce inconscientemente. 2) Todos los símbolos representan ideas 'del yo (self), de los familiares más próximos y de los fenómenos de nacimiento, vida y muerte'. 3) Un símbolo tiene un significado constante. Muchos símbolos pueden ser utilizados para la misma idea reprimida, pero un símbolo dado tiene un significado constante que es universal. 4) El simbolismo surge como resultado de conflictos intrapsíquicos entre las 'tendencias represoras y lo reprimido'. Más adelante: 'Solamente lo reprimido es simbolizado; solamente lo reprimido necesita ser simbolizado'." (29)

Según la autora: "Resumiendo los puntos de vista de Jones, se puede decir que cuando un deseo debe ser rechazado a causa de un conflicto y reprimido, puede expresarse en forma simbólica y el objeto del deseo reprimido puede ser sustituido por un símbolo." (30)

Ahora bien, los términos que reemplaza el símbolo, el deseo reprimido y el objeto, se articulan, para el kleinismo, en la fantasía inconsciente que es definida ya como "expresión mental de los instintos y por consiguiente existe como éstos desde el principio de la vida. Por definición los instintos son buscadores de objetos. En el aparato mental se experimenta al instinto como vinculado con la fantasía de un objeto adecuado a él"; ya como "crear fantasías es una función del yo. La concepción de la fantasía como expresión mental de los instintos por mediación del yo supone mayor grado de organización yoica del que postulaba Freud". (31)

Es en la línea de estos desarrollos teóricos que la autora planteará en el trabajo que citamos que, para la psicología, el simbolismo sería una relación de tres términos siendo éstos el yo, el objeto y el símbolo.

Lacan, en su artículo de homenaje a Ernest Jones, se centra básicamente alrededor de su concepción del simbolismo. No sin subrayar los aciertos del autor en su intento de diferenciar el simbolismo freudiano de lo sostenido por Jung al respecto, no puede dejar de señalar el desvío sufrido por su pensamiento al hacer de las ideas concretas, primarias (punto 2 de los transcriptos por H. Segal), el núcleo del inconsciente. Lo que no es sino desconocimiento de la función significante y de que "...lo que la interpretación analítica hace sin embargo evidente, y es que la relación de lo real con lo pensado no es la del significado con el significante, y la primacía que lo real tiene sobre lo pensado se invierte del significante al significado. Lo cual se superpone a lo que pasa en verdad en el lenguaje donde los efectos del significado son creados por las permutaciones del significante". (32)

Ideas concretas y primarias en Jones, fantasía inconsciente en Klein (producción yoica, adecuación de un objeto al instinto correspondiente), la teoría del simbolismo es la parte más sensible en que se pone de manifiesto la primacía dada a la significación. Significaciones reprimidas, ya constituidas, encontrarán expresión simbólica en un desplazamiento de lo concreto a lo abstracto, de lo material a lo figurado.

De lo latente a lo manifiesto, nada como el símbolo para fundar una técnica de "traducción simultánea": de un sentido consciente a un sentido inconsciente y, ante la menor producción hablada de los niños, nada como "la comprensión del simbolismo que manifestaban tan claramente" (33) para, en base a analogías, producir interpretaciones develadoras del sentido verdadero.

Es, según Lacan, en la operación metafórica, en la implantación en una cadena significante de otro significante que se sustituye al primero y por el cual éste cae a nivel del significado, donde se deberá buscar el simbolismo analítico. El significante, único símbolo, susceptible de ser usado según la invención individual (lo que contraría el punto 3 de Jones) sólo adquirirá una significación constante en el contexto de una historia singular.

El significante fálico es el único símbolo y todos los símbolos son fálicos porque "...el análisis revela que el falo tiene la función de significante de la falta en ser que determina en el sujeto su relación con el significante". (34)

El juego no es pantomima. Emparentado con el chiste, si tiene que ver con el sueño es en tanto ambos son asunto de escritura. (35) Debe ser escuchado a la letra. La producción del juego sigue las leyes del significante. Si comunica un sentido, éste es producto de la elaboración secundaria, significación de fantasmas y restos diurnos. En todo caso algo que el psicoanalista deberá poner entre paréntesis a la búsqueda de —en la juntura del sin-sentido— sentidos inéditos. Aprehensión de la estructura (escritura) del inconsciente.

Marcela, en un momento de su análisis en que predominan fantasías agresivas hacia su analista como primera forma de imaginarizar un corte tanto más deseado cuanto más inaccesible le parece, juega durante varias sesiones a las compañías de aviación. Ordena el juego de manera tal que, una y otra vez, ella, como encargada de la venta de boletos, dispondrá de todo lo necesario para que la analista obtenga un pasaje hacia diferentes lugares de la república. El juego consiste solamente en eso: la analista debía comprar un boleto y una vez adquirido, el juego recomenzaba otra vez. Todo este despliegue lúdico, llevado a cabo a lo largo de varios encuentros, puede resumirse en esta única frase: "Te mando a volar".* O este otro caso: La madre de Rodrigo se queja de la dependencia extrema de su hijo para con ella lo que, a la vez, mantiene a la madre sometida a los berrinches del niño ante la no satisfacción puntual de sus demandas. Uno de los aspectos más sutiles de esta relación de control es el permanente seguimiento que el niño hace de los movimientos maternos con su mirada.

Ya bastante avanzado el análisis Rodrigo produce un dibujo significativo como puntal en la construcción de la posición fantasmática en que este sujeto se ubica en relación a la pareja parental: un niño, muy engalanado bajo un paraguas de muchos colores, mira de soslayo. Además, llueve. Y el dibujo se acompaña con la producción de una frase no sólo emitida verbalmente sino inscripta y subrayada por quedar englobada, como siendo pronunciada de labios del personaje dibujado, a la manera de los globos que, en las historietas, contienen los diálogos. La frase es: "Está lloviendo". Que se

* "Te mando a volar" en el habla cotidiana de México corresponde a las expresiones argentinas "Mandáte a mudar", "Borráte", "Tomátelas".

lee: "Está (ella, mi madre) (si) yo (estoy) viendo". Lo que se articula a la angustia de este niño ante las depresiones maternas que se suscitaron desde el principio de su vida dando lugar a importantes períodos de separación. Depresiones que el niño parece haber interpretado como demandas maternas a las que debía responder, como garante, mirada mediante, de la existencia del Otro.

NOTAS DEL CAPITULO III

1 FREUD, SIGMUND: "El creador literario y el fantaseo" en *Obras Completas*, Buenos Aires, Amorrortu editores, 1979, Tomo IX, pág 127.

2 FERRATER MORA, JOSÉ: *Diccionario de Filosofía*, Madrid, Alianza Editorial, 1979, Tomo III, Poesía, Poética, pág. 2612.

3 FERRATER MORA, JOSÉ: *Diccionario de...*, op. cit., pág. 2612.

4 FERRATER MORA, JOSÉ: *Diccionario de...*, op. cit., pág. 2612.

5 LACAN, JACQUES: *Seminario VIII. La Transferencia*, 8 de febrero de 1961, inédito.

6 CARROLL, LEWIS: *Alicia en el País de las Maravillas*, Madrid, Alianza Editorial, 1979, pág. 110.

7 LACAN, JACQUES: *Seminario XX. Aún*, Barcelona, Paidós, 1981, págs. 74, 112 y 114.

8 FREUD, SIGMUND: "Análisis terminable e interminable" en *Obras Completas*, op. cit., 1980, Tomo XXIII, pág. 253. (Etcheverry traduce "roca de base". Es Rey Ardid quien traduce "roca viva").

9 LACAN, JACQUES: *Seminario XX. Aún*, op. cit., pág. 114.

10 MILLER, JACQUES-ALAIN: "Teoría de lalengua (rudimentos)" en *analítica*, Caracas, Editorial Ateneo de Caracas, N° 1, diciembre 1979, págs. 5 a 27.

11 FREUD, SIGMUND: "Más allá del principio del placer" en op. cit., 1979, Tomo XVIII, págs. 14-15.

12 FREUD, SIGMUND: "Más allá..." en op. cit., pág. 42.

13 KLEIN, MELANIE: "La importancia de la formación de símbolos en el desarrollo del yo" en *Contribuciones al psicoanálisis*, Buenos Aires, Ediciones Hormé, 1964, págs. 209 y sigs.

14 LACAN, JACQUES: *Seminario I. Los Escritos Técnicos de Freud*, Barcelona, Paidós, 1981, pág. 112.

15 FREUD, SIGMUND: "Más allá..." en op. cit., pág. 20.

16 SAFOUAN, MOUSTAPHA: *El ser y el placer*, Barcelona, Ediciones Petrel, 1982, pág. 99.

17 FREUD, SIGMUND: "Más allá..." en op. cit., pág. 21.

18 FREUD, SIGMUND: "Más allá..." en op. cit., pág. 35.

19 FREUD, SIGMUND: "Más allá..." en op. cit., pág. 16.

20 LACAN, JACQUES: *Seminario XI. Los Cuatro Conceptos Fundamentales del Psicoanálisis*, Barcelona, Barral Editores, 1977, pág. 72.

21 FREUD, SIGMUND: "Más allá..." en op. cit., pág. 16.

22 LACAN, JACQUES: *Seminario XI. Los Cuatro...*, op. cit., pág. 72.

23 Lacan ha reconocido la deuda que su concepción del objeto *a* guarda con las nociones de objeto parcial de Klein y objeto transicional de Winnicott. Sin embargo y a pesar del paren-

tesco conceptual hay diferencias significativas e ineludibles que separan el concepto lacaneano de estos otros.

En primer lugar, Lacan se ha esforzado por definir al objeto justamente fuera del marco de lo que es un concepto. En este sentido hablar del "concepto de objeto *a*" es un error. En otro orden de cosas, aunque no diferente ni no articulado con lo anterior, el objeto *a* se diferencia de lo planteado por Klein o Winnicott en su relación con el significante. El objeto *a* en la conceptualización lacaneana es resto, diferente del significante pero impensable fuera de una relación con la cadena.

La serie de objetos *a*, además, no sufre ninguna vicisitud de ningún orden genético, por el contrario, se ordena retrospectivamente por su relación con el objeto falo, único que tiene el privilegio de ser objeto y a la vez significante.

Estas precisiones faltan en los desarrollos winnicottianos. Sí puede haber relación en las precisiones de Winnicott en cuanto al topos del objeto transicional, ni de la madre ni del niño, fundador de una suerte de topos intermedio.

Con respecto al objeto parcial, Lacan precisará que éste sólo lo es en tanto representa parcialmente la función, su parcialidad no está referida, como en Klein, a ninguna Gestalt totalizadora. Por otra parte, a la que sí puede dársele el calificativo de parcial, es a la pulsión.

24 LACAN, JACQUES: *Seminario VII. La Etica del Psicoanálisis*, 20 de enero de 1960, inédito.

25 FREUD, SIGMUND: "Psicopatología de la vida cotidiana" en *Obras Completas*, op. cit., 1980, Tomo VI.

26 MANNONI, MAUD: *La teoría como ficción*, Barcelona, Editorial Crítica, 1980, págs. 52 y sigs.

27 FREUD, SIGMUND: "El chiste y su relación con el inconsciente" en *Obras Completas*, op. cit., 1979, Tomo VIII, págs. 162-163.

28 SEGAL, HANNA: *Notas sobre la formación de símbolos*, Buenos Aires, Facultad de Filosofía y Letras, ficha mimeográfica.

29 SEGAL, HANNA: op. cit.

30 SEGAL, HANNA: op. cit.

31 BARANGER, WILLY: POSICIÓN Y OBJETO *en la obra de Melanie Klein*, Buenos Aires, Ediciones Kargieman, 1971, págs. 103-4.

32 LACAN, JACQUES: "En memoria de Ernest Jones: Sobre la teoría del simbolismo" en *Escritos II*, México, Siglo XXI Editores, 1975, pág. 315.

33 KLEIN, MELANIE: "Simposium sobre análisis infantil" en *Contribuciones al psicoanálisis*, Buenos Aires, Ediciones Hormé, 1964, págs. 143-144.

34 LACAN, JACQUES: "En memoria de..." en op. cit., pág. 319.

35 FREUD, SIGMUND: "La interpretación de los sueños" en op. cit. 1979, Tomo IV, págs. 285-286.

CAPÍTULO IV

Los padres en análisis de niños. Demanda, deseo, ¿de quién? El niño como objeto a en el fantasma materno

En este capítulo nos proponemos abordar un hecho, ineludible, fuente de toda suerte de dificultades prácticas y teóricas: es que el niño nunca llega solo al análisis y que su situación de dependencia real implica necesariamente que su demanda, si la hay, está precedida y vehiculizada por la demanda de un (o varios) adulto(s).

En esta ocasión, y para encarar el fenómeno en su aspecto más típico, tomaremos el caso de los padres consultando por el niño.

Sabemos que no necesariamente el pedido manifiesto de análisis supone una verdadera demanda. Inversamente, ésta puede manifestarse aunque el sujeto desconozca, por formación, información, por el medio cultural y social en que se desenvuelve, qué es eso de un tratamiento psicoanalítico. Este es un punto importante para nosotros que creemos que un niño (en la mayoría de los casos los niños carecen de información acerca de psicoanálisis) puede sostener una demanda que posibilite el inicio de una relación transferencial en tanto para que ésta se dé lo que importa es, no una cuestión de información y conocimiento, sino una determinada posición en relación al deseo inconsciente. Demanda desencadenada, en su actualidad, en virtud de una fractura en el equilibrio narcisístico pero fractura que, condición necesaria mas no suficiente, deberá provocar una hiancia en el Otro (uno o ambos padres). No alcanza, para que la demanda se efectivice, con que los síntomas lo sean para el niño; deberán ser distónicos también para los padres. (1)

Así, la niñita de estructura obsesiva que comentamos en un capítulo anterior, que sufría angustiosamente a causa de pensamientos en relación a su responsabilidad en la posible muerte de su abuela, en los meses previos a la consulta se dirigía a su madre de la siguiente manera: "Por favor, mamá, dime algo para que yo no sienta lo que estoy sintiendo." Y con la buena suerte de que su madre supiera escucharla, esto es, escuchar que la niña pedía ayuda y que si bien en lo manifiesto el pedido parecía dirigirse a ella, no estaba en sus posibilidades dar curso a la ayuda que su hija necesitaba. De esta forma estaban dadas las condiciones para el inicio de un análisis (el padre no tenía un papel tan activo pero acordaba y apoyaba lo que se hiciera para aliviar el sufrimiento de su hija) que al cabo de unos años pudo ser llevado a su término exitosamente.

En los últimos tiempos, en el medio psicoanalítico lacaneano, se insiste mucho en revalorizar la necesidad de entrevistas preliminares a un análisis para delimitar si efectivamente están dadas las condiciones para el mismo. Se subraya, además, la inconveniencia de aceptar cualquier demanda.

El trabajo con niños corrobora la importancia clínica de las mismas. La particularidad de la posición del analista de niños implica que éste se ve confrontado a demandas de muy diverso tipo y calidad. A saber:

Más frecuentemente que en la consulta que un adulto hace para sí mismo, se lo confunde con el psiquiatra, el psicólogo, el educador. Terapias todas que, de una u otra manera, conllevan una promesa de completamiento, de cubrimiento de la falta. Nada de esto puede prometer un psicoanalista; sólo puede ofrecer un trabajo de escucha e interrogación. Un trabajo gracias al cual se despliegue lo que de saber, inconsciente, hay en los síntomas. Y por cuyo medio se actualice el goce, en los fantasmas, que los soportan.

Dada la posición privilegiada que un hijo suele ocupar en el equilibrio libidinal de un sujeto son frecuentes los casos en que, so pretexto de un síntoma ubicado en el niño, uno de los padres, o los dos, encuentran la única manera de pedir ayuda para ellos mismos.

No faltan también situaciones en que los padres expresan el deseo de que su hijo se analice pero que planean el tratamiento como una imposición al mismo. No correspondiendo a un verdadero deseo del niño, lo que muchas veces se vehiculiza en estos casos es una demanda al analista de hacerse cómplice de una maniobra de manipulación y control del mismo.

Podemos mencionar también otro ejemplo con que nos ilustra la clínica: los padres que escuchan al niño en su pedido de ayuda pero que no están realmente dispuestos a las consecuencias, en términos de sostener y acompañar un proceso analítico, que de ello se derivan. Y que acuden a la consulta exigiendo soluciones rápidas, tipo receta, que acallen el síntoma, en lugar del proceso de interrogación a la subjetividad que supone todo trabajo verdaderamente analítico.

En la consulta que los padres hacen por un niño es imprescindible, antes de aceptar al paciente en análisis, determinar: 1º) si efectivamente lo que los padres están solicitando es un psicoanálisis, 2º) de quién y para quién es la demanda y 3º) en caso de una respuesta afirmativa a la primera pregunta y descartado que sea una forma de solicitar ayuda para uno de ellos es ineludible delimitar si este pedido corresponde a uno articulado a un deseo del niño de analizarse.

Tarea nada fácil y que presenta múltiples escollos. Lo que cuestiona de entrada esta ilusión de los que inician su práctica con niños "porque es más fácil".

Sostenemos la importancia de estas primeras entrevistas porque en parte de la capacidad del analista de escuchar y discriminar lo que se le presenta, dependerá la apertura o el cierre del discurso inconsciente.

Escucha compleja en tanto el discurso se despliega en la articulación de diferentes demandas sostenidas por diferentes sujetos.

Escucha difícil, también, en la medida en que el analista deberá acoger la suposición de saber que niño y padres ubican en él a la vez que, descolocándose de un lugar de "especialista", intentará modular preguntas del tipo: "¿Ud. cree que el niño *necesita* análisis?", (2) formuladas siempre desde una supuesta inadecuación a ideales evolutivos. Esas preguntas, planteadas para ser contestadas con respuestas objetivantes en nombre de un saber, eventualmente pueden, con ayuda del "savoir faire" del analista, abrir hacia una dimensión diferente de cuestionamiento.

De un estilo de preguntas objetivantes, de solicitudes que requieren del analista que opere en el sentido de que el niño se adecue "a lo que corresponde a su edad", las primeras intervenciones deberán orientarse en la dirección de trabajar el discurso de manera tal que se vaya desplegando la única y fundante historia que importa: la historia deseante.

El analista no es un especialista que detenta un saber acerca de cómo se "debe ser" un niño o cómo se "debe ser" padre o madre. Si algo sabe es que hay un saber inconsciente y si algo debe haber aprendido es a descolocarse de un lugar de saber para que el Otro, el inconsciente, se diga.

Su acción no es del orden de la eficacia técnica. Intérprete de la verdad, su responsabilidad consiste en dar lugar, dándole un lugar, al deseo.

Estas primeras entrevistas pueden implicar, ya en sí mismas, un beneficio terapéutico: no es de despreciar el que se obtiene, por ejemplo, del solo hecho de aclarar y ordenar cuál es la demanda en curso. Sin que falte el caso en que este esclarecimiento produzca modificaciones en lo que se solicita.

Por ejemplo, a veces los padres, preocupados y angustiados por síntomas del hijo, anteponen al sufrimiento del niño su propia angustia frente a lo que éste cuestiona de su propio ser. Y el niño, sensible como es al deseo (y la angustia) de quienes son soporte para él del Otro, puede responder a esto con una falta total de deseo de analizarse o aun con un franco rechazo. Como analistas, aun cuando coincidamos con los padres en que esos síntomas por los que el niño padece merecen análisis, haríamos mal en aceptar comenzar un tratamiento. Más fructífero parece el camino de dar lugar, aceptándola, a la negativa del niño, pudiendo proponerse, en cambio, un trabajo de escucha a los padres. La experiencia nos ha mostrado que, si por un lado los padres pueden entender algo más de lo que a ellos los angustia así como si el niño se siente aceptado en lo que le es propio en ese momento, su negativa a la cura, algo puede reformularse. Y, tiempo mediante, quizá puedan darse las condiciones para embarcarse, el niño, en un análisis.

Decir análisis es decir transferencia. (3) Y, como fundamento transfenoménico de la misma, está el sujeto supuesto saber (S.s.S.) (4) que, encarnado en el analista, funda la transferencia analítica. "Cada vez que esta función puede ser encarnada, para cada sujeto, en alguien, quienquiera que sea, analista o no, resulta (...) que la transferencia desde ese momento ya está fundada." (5)

Estamos absolutamente de acuerdo con quienes plantean que el análisis de un niño debe ser llevado a cabo básicamente con él. (6) Asimismo, las críticas a concepciones en que se piensa al niño como síntoma de la estructura familiar (7) nos parecen correctas. También pensamos que ubicar al niño como efecto, mecánico, del deseo de los otros, es una tesis simplista desmentida por la clínica. No es fácil ni sencillo encontrar en el discurso de los padres, en la historia de la familia, explicaciones a los padecimientos del niño. Mucho menos lo es remover los síntomas desde el solo trabajo con los padres. La clínica psicoanalítica revela ser mucho más compleja e intrincada: no es posible encontrar un motivo asignable a la represión porque ésta no se refiere a ninguna verdad articulada o articulable (ya que en ese caso se trataría de una verdad preconsciente). (8)

Lo que podemos encontrar en el discurso de los padres, en relación a la neurosis del niño, son puntos de articulación en el registro de las significaciones, convergencias fantasmáticas, formas engramáticas de imaginarización. Pero ésta no es más que una de las dimensiones del análisis como lo es de la fórmula que dice: el deseo es el deseo del Otro. (9) *

El deseo, aunque articulado, es inarticulable (10) y hacia ese punto se dirigirá el trabajo del análisis. A lo inarticulable de la verdad inconsciente, aquella en referencia a la cual es imposible una relación reflexiva pero a la que es posible aproximarse por la vía del decir. La represión no responde a razones de orden moral. Es, como tal, un hecho de estructura, lo que no impide que, a la pulsión, puedan ofrecérsele otros caminos alternativos a la díada represión-retorno de lo reprimido.

No hay duda, entonces, que el análisis deberá priorizar la escucha del niño. Que éste, sujeto de pleno derecho, asumirá, o no, la responsabilidad del trabajo con su inconsciente.

Pero, en tanto una demanda se articula, es de suponer un deseo que la sostiene. Y una demanda de saber es formulada también por los padres.

"Es este punto de encuentro donde es esperado el analista. En tanto que el analista se le supone saber, también se le supone salir al encuentro del deseo inconsciente." (11)

El analista ¿deberá o no rehusar el encuentro con el deseo inconsciente de los padres?

Creemos que, si la responsabilidad del analista es llevar a cabo el psicoanálisis, (12) su obligación es no rehusarse al encuentro, también, de estos deseos.

---

* Las articulaciones estructurales, a las que se arriba por medio de ficciones o construcciones teóricas, sólo son posibles luego de un trabajo minucioso y prolongado.

Porque, si hay demanda en los padres, la transferencia está operando. Y el sostener la transferencia que ellos desarrollan en relación a la persona del analista y al análisis de su hijo será acto ineludible en el saber hacer del analista como forma de causar y mantener la posición analizante del niño.

Transferencia colateral, no es, no obstante, sin consecuencias. Imprescindible para que el análisis se sostenga a veces también interfiere en la probabilidad de que éste sea llevado a su término.

Juan, quien ya llevaba varios años en análisis, formulaba, no sin razones, su deseo de finalizarlo. Cosa que le resultaba difícil de concretar en virtud de que su madre, defensora a cualquier precio de las ventajas del análisis (y, en cuanto al de su hijo éste le servía de coartada para postergar la resolución de conflictos de su propia vida), lo presionaba, sutilmente, para que así no lo hiciera.

Consideramos que no fue improcedente agregar al análisis con el niño de su sumisión respecto de lo que su madre deseaba, la oportunidad de que ésta pudiera explicitar los motivos, angustias, fantasías que la llevaban a percibir la finalización de la cura de su hijo como una ocasión llena de riesgos. Esto ayudó a ambos: la madre pudo ubicar y plantearse sus propios temores, el discurso del niño se dialectizó de manera tal que se hicieron más explícitas y elaborables sus propias fantasías persecutorias en relación a la terminación, fantasías que hasta entonces estaban recubiertas y ocultas por las de la mamá.

Proponemos considerar a los padres como un elemento que pertenece a la parte real del dispositivo analítico (13) y, como tal, pudiendo ser utilizado por el analista. Este actúa a nivel de la cadena significante utilizando ya sea la marcación en el discurso de las formaciones del inconsciente o el recurso de la interpretación. Desde otra vertiente, opera en la dimensión real de la transferencia en tanto ésta es "...la puesta en acto de la realidad del inconsciente". (14) En el análisis con un niño, la inclusión o no de los padres en determinado momento será, como elemento del dispositivo, uno que no habrá por qué descartar, al menos no por principio.

Toda estructura, aún la neurótica, revela lo no simbolizado. El sustrato último de toda formación del inconsciente, da cuenta de ser repetición de un rechazo a la simbolización. (15)

Debemos diferenciar la inscripción de lo imposible a simbolizar del sexo como experiencia de la castración, de estos residuos, formaciones últimas de todo síntoma, que expresan la falla de la operación metafórica, el estancamiento en el deslizamiento metonímico, en que se revelan los puntos en que el niño ha quedado capturado, como objeto, en el fantasma materno,* vertientes desexualizantes y deserogeneizadas ** destinadas a suplir la falta en el Otro, a obturar la carencia materna sosteniendo la función paterna en su dimensión de idealidad. Figura de padre ideal que dice "no" al deseo mientras sostiene identificaciones narcisistas que defienden la creencia por excelencia: que hay el falo, que alguien lo es o lo tiene.

Sujeción al Otro y, simultáneamente, exclusión de lo simbólico (forclusiones parciales) de lo posible a inscribir de la sexualidad, toda estructura sintomática revela la dependencia en que el deseo estructurado como deseo del Otro se cristaliza en formas imaginarias y en que las fallas en la asunción deseante se articulan a las fallas que, en el Otro, inducen sus propios desconocimientos de la castración.

Pero, con niños, imposible desconocer el factor, agregado, de su dependencia real del adulto y las consecuencias, analíticas, que de ella se derivan. Esta de-

---

* El fantasma materno no siempre se ubica en la persona real de la madre. Algunas historias encuentran que es el padre quien lo explicita.

** No regidas por el principio del placer se revelan como exceso de goce.

pendencia induce una particular manera de imaginarizar las relaciones (sexuales) en la que se les vuelve arduo (a los niños) cuestionar a este Otro adulto como siendo el que sabe, (16) como Otro no tachado. (17) Esta dependencia fomenta la captura del niño en su relación con el Otro y será trabajo del análisis promover su disolución correlativamente a la destitución del S.s.S.

Esto, abordable por la vía de la interpretación, también lo es por el hacer del analista quien, presentificando la incógnita del deseo, favorecerá la dialéctica que modalizará la castración en el Otro y en el propio sujeto. El niño, en su análisis, interrogará los intersticios del discurso del Otro.

Pero, sujetado el niño como lo está por esta dependencia que mencionamos, muchas veces se comprueba que no alcanza, para liberar la palabra y el deseo coagulados en los síntomas, con que este diálogo de su vínculo con el Otro se actualice en los únicos límites de la relación con el psicoanalista.

Para enfrentar esta dificultad proponemos la posibilidad de intervenciones más directas en la estructura en tanto los padres representan los otros reales que soportan la función de Otro para el niño.

La inclusión de los padres, que tiene valor de acto, por un lado acoge sus propias urgencias favoreciendo el mantenimiento de la transferencia positiva, imprescindible para que el trabajo proceda. Por otro, en este nivel, la acción analítica, más que interpretativa, se sitúa en un punto nodal, de constitución, de apertura de surcos en lo que, de lo real, tiende a la simbolización. (18)

La orientación será la de generar, en los padres, en su discurso, las hiancias que den lugar a que el niño, de su posición de objeto a su identificación ideal (ideal del yo) pueda mantener una distancia (19) en la que se despliegue su propio deseo; esto implica reconocimiento de la falta, la propia y la del Otro, y promesa de deseos que, siempre antiguos, siempre actuales, rememoren y reactualicen la división subjetiva: la sexualidad y su vinculación, intrínseca, con la castración y la muerte.

Restituir la dimensión significante del falo posibilitando y desarrollando en el discurso materno un lugar para la palabra del padre así como operar en el sentido de que la función paterna se ejerza con el riesgo que implica toda operación de corte, significante.

Restituir la presencia del sexo como tal: esa será la guía que orientará toda intervención en relación al discurso de los padres.

Que el deseo es el deseo del Otro, lejos de hablar de complementación, de acoplamiento y satisfacción, no se refiere sino a que la falta (que sostiene el deseo) no se dirige sino a la falta en el Otro,* nunca recubierta sino por el objeto *a*, perdido.

El niño que, como deseado, se identifica en un ideal del yo; su cuerpo, erógeno, ofrecido como objeto a la sexualidad de los otros, basculará entre estas dos posiciones identificatorias. Ni aplastamiento significante ni cuerpo cristalizado ofrecido, como objeto *a*, al goce del Otro. Regulación del placer y, por tanto, pérdida de goce: sujeción, que no es sometimiento, al inconsciente.

Descartada toda intervención normativa, sea bajo la forma de consejos, opiniones, indicaciones que los padres debieran seguir, y aceptado el criterio de que no son ellos analizantes en sentido estricto, el trabajo de escucha no podrá, no obstante, ubicarse fuera o más allá de las coordenadas analíticas: la estructura del Edipo y la castración.

* O sea el falo, significante de la falta.

NOTAS DEL CAPITULO IV

1 Los síntomas, para ser tales, deberán ser distónicos en relación al yo. Pero de quien consulta, no del psicoanalista. Para el psicoanálisis, a diferencia de la psiquiatría o la psicología, sólo es sintomático lo que es reconocido como tal por el paciente.

2 El análisis no puede formularse en términos de necesidad, al menos no en los términos de una indicación de tipo médica, en nombre de un saber técnico. Sólo puede iniciarse si se apoya en un deseo de saber del analizante.

3 LACAN, JACQUES: *Seminario XI. Los cuatro conceptos fundamentales del psicoanálisis*, Barcelona, Barral Editores, 1977, Capítulo X.

4 LACAN, JACQUES: *Seminario XI. Los cuatro...*, op. cit., Capítulo XVIII.
MILLER, JACQUES-ALAIN: *Cinco conferencias caraqueñas sobre Lacan*, Caracas, Editorial Ateneo de Caracas, 1980. Conferencias IV y V.

5 LACAN, JACQUES: *Seminario XI. Los cuatro...*, op. cit., pág. 237.

6 LAURENT, ERIC y otros: 3er. Encuentro Internacional del Campo Freudiano, Buenos Aires, 1984, Relato sobre "El psicoanálisis con los niños".

7 BLEICHMAR, SILVIA: "Para repensar el psicoanálisis de niños: El concepto de neurosis en la infancia a partir de la represión primaria" en *Trabajo de psicoanálisis*, México, Vol. 1, Núm. 1, 1981.

8 SAFOUAN, MOUSTAPHA: *Estudios sobre el Edipo*, México, Siglo XXI Editores, 1977, pág. 48.

9 LACAN, JACQUES: *Seminario XI. Los cuatro...*, op. cit., pág. 240.

10 LACAN, JACQUES: *Las formaciones del inconsciente*, Buenos Aires, Ediciones Nueva Visión, 1976, pág. 110.

11 LACAN, JACQUES: *Seminario XI. Los cuatro...*, op. cit., pág. 239.

12 Planteado por Collette Soler en el Seminario "La cura psicoanalítica" organizado por el Centro de Investigaciones y Estudios Psicoanalíticos, México, marzo de 1985.

13 MILLER, JACQUES-ALAIN: *Cinco conferencias caraqueñas sobre Lacan*, Caracas, Editorial Ateneo de Caracas, 1980, pág. 96.

14 LACAN, JACQUES: *Seminario XI. Los cuatro...*, op. cit., pág. 155.

15 LACAN, JACQUES: *Las formaciones...*, op. cit., pág. 97.

16 LAURENT, ERIC y otros: 3er. Encuentro Internacional del Campo Freudiano, Buenos Aires, 1984, Relato sobre "El psicoanálisis con los niños".

17 Para el concepto de Otro y de Otro no tachado sugerimos consultar el "Indice razonado de los conceptos principales" que figura al final de los *Escritos I y II*, op. cit.

18 LACAN, JACQUES: *Seminario XX. Aun*, Barcelona, Paidós, 1981.

19 LACAN, JACQUES: *Seminario XI. Los cuatro...*, op. cit., pág. 276.

CAPÍTULO V

El trabajo "cara a cara". La mirada.
Una modalidad de la resistencia

> Hay que alcanzar esa mirada
> que mira a uno como si fuera dos.
> Y después mira a dos
> como si fueran uno.
> Y luego todavía
> mira a uno y a dos
> como si fueran ninguno.
>
> Es la mirada que escribe y borra al
> [mismo tiempo,
> que dibuja y suspende las líneas,
> que desvincula y une
> simplemente mirando.
> La mirada que no es diferente
> afuera y adentro del sueño.
> La mirada sin zonas intermedias.
> La mirada que se crea a sí misma al
> [mirar.
>
> ROBERTO JUARROZ

Si bien sostenemos que el sujeto del inconsciente no es cuestión de edad y que, para el psicoanálisis no habría otro que análisis de un niño, no se nos escapa que el trabajo analítico con niños presenta algunas dificultades que le son específicas.

Por tal razón, nos proponemos, en este capítulo, abordar ciertas dificultades que caracterizaremos como una forma particular de la resistencia. Con esta mira trabajaremos alrededor del concepto de resistencia así

119

como de lo que esclarece repensarlo desde la dimensión o registro de lo imaginario. Resaltaremos la importancia que lo visual asume en la constitución subjetiva, particularmente en la configuración de recuerdos y fantasías infantiles e inconscientes.

Como la visión es un hecho de primera importancia en análisis de niños por la particularidad de que éste se desarrolla cara a cara, nos parece que merece atención y que sean precisadas con más rigurosidad sus consecuencias. En esta línea, postularemos que la dificultad de descentrarse de la visión configura, en análisis de niños, la estructuración de un fantasma específico. Sostendremos, además, la necesidad de que éste sea esclarecido sobre todo en cuanto a su función de inercia en quien detenta la dirección de la cura: el psicoanalista.

Nos motivó a trabajar alrededor de este punto una aseveración de Lacan que, enigmática para nosotros durante mucho tiempo, pudimos finalmente articular en la experiencia clínica: la única resistencia es la del analista. (1)

"Todo lo que perturba la prosecución del trabajo (analítico) es una resistencia", (2) dice Freud en el Capítulo VII de "La interpretación de los sueños". Allí, en el Apartado A "Sobre el olvido de los sueños", al cuestionar el miramiento por la certidumbre, plantea que todo efecto de duda, perturbador del análisis, es un retoño e instrumento de la resistencia psíquica. Dudas y requerimientos de certidumbres, ¿atribuibles a quién sino al yo?

Pero vayamos paso a paso. En su carta a Fliess del 10 de octubre de 1897, Freud le anuncia: "(...) He podido encarrilar todos mis casos algo enmarañados mediante un pensamiento sobre la resistencia, de suerte que ahora avanzan satisfactoriamente. La resistencia que termina por rehusar el trabajo (analítico) no es otra cosa que el antiguo carácter del niño, el carácter degenerativo que se ha desarrollado o se habría desarrollado a raíz de aquellas vivencias que uno halla como concientes en los casos llamados degenerativos, carácter que aquí, empero, tiene sobre sí un estrato superpuesto por obra del desarrollo-represión. Mediante el trabajo yo lo exhumo, él se revuelve; el hombre al comienzo tan noble y leal se pone vulgar, mentiroso o desafiante, un simulador, hasta que yo se lo digo y así hago posible superar ese carácter. De ese modo, la resistencia se me ha vuelto palpable como cosa concreta (*sachlich*)...."

"Este carácter infantil se desarrolla en la época de la 'añoranza', luego que el niño está sustraído de las vivencias sexuales."

"Durante el mismo período de la añoranza son plasmadas las fantasías..." (3)

La resistencia, entonces, asociada a un yo que sólo quiere saber de lo que sólo se puede saber por medio de comprobaciones y certezas, la resistencia asociada a un carácter infantil que se define por el simulacro, la mentira y el empecinamiento y que se vincula, por fin, al tiempo del anhelo, de la constitución de las fantasías. Resistencia, carácter infantil (simulador, mentiroso) y yo: conceptos a articular.

¿Qué simula, sobre qué miente el yo? ¿Qué relación guarda el yo con aquello de lo que intenta desentenderse? ¿Será una relación de ajenidad? En otros términos, el yo ¿es algo opuesto a lo inconsciente? O, más aun, la resistencia, ¿será aquello que, siendo de un orden heterogéneo de materialidad se constituirá, a su vez, como lo opuesto a lo reprimido?

No parece ser ésta la concepción freudiana. Con relación al yo, en el "Proyecto...", Freud plantea que tanto la atracción desiderativa como la tendencia a la represión indican que en Ψ se ha establecido una organización que tendría como finalidad dificultar pasajes de cantidad y que esta organización, el yo, deberá definirse como la totalidad de las catexias Ψ existentes en un determinado momento. (4)

El yo, entonces, está ubicado en el corazón del sistema inconsciente. Y, aunque se oponga como inhibición, como defensa primaria, le es intrínseco.

En cuanto a la resistencia, Freud la aísla como una fuerza psíquica, ligada a la repugnancia del yo, que en el paciente se opone al retorno a la memoria de las representaciones patógenas, que las excluye de la asociación siendo tarea primordial del terapeuta el vencimiento de lo que denomina esta *resistencia a la asociación*. (5)

Citamos: "Anudaré todavía algunas pocas puntualizaciones a la imagen así obtenida de la organización del material patógeno. Acerca de este material hemos enunciado que se comporta como un cuerpo extraño; y la terapia opera también como la remoción de un cuerpo extraño del tejido vivo. Ahora estamos en condiciones de inteligir en qué falla esta comparación. Un cuerpo extraño no entra en ninguna clase de conexión con los estratos tisulares que lo rodean, si bien los altera, los constriñe a la inflamación reactiva. Nuestro grupo psíquico patógeno, en cambio, no se puede extirpar limpiamente del yo, pues sus estratos más externos traspasan omnilateralmente hacia sectores del yo normal, y en verdad pertenecen a este último no menos que a la organización patógena. La frontera entre ambos es trazada por el análisis ora aquí, ora allá, de una manera puramente convencional, y en ciertos puntos ni siquiera se la puede indicar. Los estratos internos se enajenan del yo más y más, sin que la frontera visible de lo patógeno comience en parte alguna. La organización patógena no se comporta genuinamente como un cuerpo extraño, sino, mucho más, como una infiltración. En este símil, debe suponerse que la resistencia es lo que infiltra." (6)

Por lo tanto, así como el yo no es heterogéneo al sistema inconsciente, la resistencia no sólo no se opone al material sino que parece consistir en una expresión privilegiada del mismo.

Lacan señala algo de esto en el Seminario I haciendo referencia a "La represión" texto en el que Freud es claro en marcar que la resistencia, si bien concebida del lado de lo consciente, mantiene vínculos estrechos con el contenido del inconsciente mismo, definiéndose su identidad esencialmente en razón de su distancia con el mismo. (7)

Estos vínculos estrechos entre la resistencia y el contenido del inconsciente deben pensarse también, y muy especialmente, en relación a la atracción que este último, que el nódulo patógeno, reprimido, ejerce. En "Dinámica de la transferencia" Freud adjudica la parte más grandiosa de la resistencia a esta atracción de lo inconsciente. (8)

Concluiremos, por tanto, que es posible concebir la resistencia como aquello preconsciente que, atraído por lo inconsciente, entra a regularse según sus leyes.

Para dar cuenta de esta suerte de continuidad reprimido/resistencia, Inconsciente/Yo, nos parece que habrá que recurrir a la mediación teórica —a la manera de un concepto puente— de un concepto como el que Lacan resume en su registro de lo imaginario, (9) que nos ordenará la lectura, en su obra, de la estructura denominada "estadio del espejo" y, en la obra de Freud, de todas aquellas producciones que podemos conceptualizar como distintas formas de organización de la fantasía. ¿No hay acaso una continuidad conceptual en nociones como recuerdos reprimidos, recuerdos encubridores, teorías sexuales infantiles, novela familiar del neurótico, como diferentes formas de organización de la fantasía, y en las que, según el mismo Freud, cabría reconocer la pertenencia a un mismo sistema psíquico?

Vimos ya que, en la carta 72 de su correspondencia con Fliess, relacionaba esta resistencia con el carácter díscolo infantil, con ese tiempo de constitución de la fantasía. Agregamos: tiempo de constitución de la fantasía como el mismo tiempo de constitución del narcisismo, del yo. Nuevo acto psíquico. "His majesty the baby", proyección en el niño del narcisismo de los padres. (10) Pero tiempo, a su vez, que no es otro que el de la constitución de lo inconsciente. Nódulo reprimido que si bien aceptamos ser del orden de la inscripción significante, pensamos, con Freud, que se organiza según una forma imaginaria, fantasmática. Insiste en nosotros esa insistencia freudiana respecto del carácter visual de los recuerdos inconscientes: "...en estos casos de mudanza regrediente del pensamiento no es posible descuidar el influjo de un recuerdo sofocado o que ha permanecido inconsciente, las más de las veces infantil. A los pensamientos que están en conexión con él, impedidos de expresarse a causa de la censura, este recuerdo por así decir los arrastra consigo a la regresión, en cuanto es aquella forma de figuración en que él mismo tiene existencia psíquica.

"Puedo aducir aquí, como un resultado de los *Estudios sobre la histeria*, que las escenas infantiles (sean ellas recuerdos o fantasías), cuando se logra hacerlas concientes, son vistas de manera alucinatoria y sólo al comunicarlas se borra este carácter. Es también sabido que aun en personas que no suelen tener memoria visual los recuerdos más tempranos de la infancia conservan, hasta edad avanzada, el carácter de vivacidad sensorial." (11)

Esta manera de concebir la resistencia, no como aquello imputable a un sujeto (persona) que "se resistiría", sino como un efecto mismo del trabajo analítico, intrínseco a su propia prosecución, intrínseco a la constitución del inconsciente, y que debiera formularse en un impersonal "hay resistencias", es solidaria con la reflexión lacaneana, que dice: "...una cuestión que, sin embargo, está en primer plano tratándose de la resistencia: el problema de las relaciones entre lo inconsciente y lo consciente." (12)

Y si, al decir de Lacan, el analista debe ser entendido como una formación del inconsciente del analizante, (13) el problema de "hay resistencias", en la relación analizante-analista, se relaciona con las dificultades del desciframiento del discurso más allá de toda referencia a un sujeto objetivable. (14)

En otras palabras: "hay resistencias" es solidario de sostener que el sujeto del inconsciente es excéntrico a cualquier concepción de sujeto psicológico, vivencial. Y: "la única resistencia es la del analista" sólo tiene sentido si se articula esta afirmación con el descentramiento de la función de analista de su persona, en virtud de pensarlo como efecto del inconsciente.

Hay resistencias, entonces, habla de la interferencia fantasmática, imaginaria y narcisística en el trabajo del análisis. Habla de la conversión de esa disparidad radical llamada transferencia, en la que un discurso se produce y que se constituye por la función "deseo del analista", en una relación intersubjetiva. (15)

"Deseo de analista" define, para Lacan, la posición del analista en el análisis, en la transferencia. Se funda, el deseo de analista, en la producción de una mutación en la economía del deseo de aquel que sostendrá la función analítica, por la cual éste soportará el deseo de todos los deseos, aquél ligado al deseo de muerte.

El deseo del analista desnuda la estructura misma del deseo. Al ocupar el sitio del Otro, lugar de la palabra, representa la misma estructura del deseo: el deseo es el deseo del Otro. El analista, dividido también por su decir, con su interpretación, efecto del inconsciente, promueve que se le desuponga de la suposición de detentar un saber, reduciéndose su posición a la de un objeto que será la causa del deseo para el analizante. Para sostener la posición "deseo del analista" el lugar del no saber, es central. Y esto, produce efectos en la práctica, por ejemplo, el respeto por el caso. (16)

En la línea de las indicaciones lacaneanas, la de respetar el caso, la clínica, es que intentamos pensar ciertas dificultades en el análisis de niños y que, según el seguimiento teórico que hemos venido haciendo, conceptualizaríamos como del orden del "hay resistencias".

Es frecuente, en nuestra propia experiencia así como en la que hemos recogido en la práctica de supervisar análisis llevados a cabo por otros colegas, el constatar una suerte de deslizamiento de la posición analítica hacia actitudes que más tienen que ver con posiciones pedagógicas y/o médicas. ¿Por qué? Con frecuencia se aducen las dificultades de entender el lenguaje lúdico del niño, la falta de información que éste proporciona acerca de su vida cotidiana, la carencia de asociaciones de tipo verbal. ¡Pero si en análisis no se trata de entender! La interpretación analítica se encuentra en posición inversa respecto de la comprensión. Si hay algo que el analista debe escuchar (que no es comprender), es justamente aquello que no se entiende, aquello que, no transparente a un sentido, revelará en su opacidad sus vínculos con lo reprimido. En este sentido, el discurso de un niño induciría menos a posibilitar ¿"interpretaciones"? del analista a la manera de construcciones explicativas. Por el contrario, el análisis de un niño, debería estar en mejores condiciones para preservar esa frescura de lo originario, también de lo original, que tanto tiene que ver con el "no sé bien de qué se trata". Y sin embargo... (17)

Este deslizamiento de la posición analítica, del orden de las resistencias, perturbadoras de la prosecución del trabajo, implican que el sostén del deseo del analista es momentáneamente abandonado por una captura de lo imaginario.

¿Qué es lo que haría desfallecer esta posición del analista?

Pensábamos la resistencia como aquello que, objetivable en la cura, guardaba íntimas relaciones con esa particularidad de la estructuración subjetiva por la cual, un registro, el de lo imaginario, impone una organización, una unidad, en fin, un sentido, a ese "más allá" que, la cosa, la pulsión, lo real, el goce, es evocado en los cortes significantes articulados bajo el nombre de "complejo de castración". Estructura, el yo, cuya función de desconocimiento en cuanto a todo lo que tenga relación con el deseo, intenta preservar una ilusión narcisista de completud.

Estructura que Lacan denomina "estadio del espejo", precipitación de identificaciones, posibilitadoras a la vez que coartadas para el sujeto en lo que hace a su propio deseo y en la que la estructuración subjetiva que allí decanta, se organiza bajo los efectos de una función primordial: la de la mirada.* (18)

"His majesty the baby", resume Freud cuando habla de la constitución narcisística, majestad incólume, virginal, inviolable, que seduce al adulto al remitirlo a su propio narcisismo/goce, perdidos, en la promesa de una nueva reencarnación.

"Miran a un niño", podríamos formular la fantasía en la cual el destino voyeurista-exhibicionista de la pulsión es responsable, coautor de ese personaje llamado "Yo".

Destino pulsional, el que pone en juego el órgano de la visión, intrínseco a la constitución de lo reprimido; lo visual predominando en esa "otra escena" en que se despliegan los sueños y los fantasmas; lo relativo a la mirada como característica de los procesos primarios, como tanto subrayara Freud, ahí donde el deseo se realiza en una identidad de percepción.

Una mirada que organiza, en una imagen totalizada del cuerpo una anticipación ilusoria, a la manera de una identificación, de esa insuficiencia con que, para la relación sexual en el sentido de la llamada genital, está dotado el humano. Insuficiencia llamada pulsión, que, parcial, marca un cuerpo erogeneizándolo, esto es, haciéndolo a lo sumo, suma de objetos parciales para el deseo del Otro.

* Posibilitadoras, en tanto sólo al imaginar una mirada en el campo del Otro, como sitio del ideal del yo, desde donde el yo es visto, es que se constituye el reconocimiento denominado yo ideal; coartadas, en la medida en que, relacionadas a la pulsión escópica, eluden la castración en la ilusión del "me veo verme", correlato de la conciencia con la representación, en el que permanece ignorado que la mirada no es vista, que por el sólo hecho de mirar, ésta no aparece en la imagen.

La dialéctica entre las marcas pulsionales de un cuerpo erógeno y la imagen de un cuerpo integrado, imagen cuestionada por esta misma erogeneidad, situará la pregunta del sujeto acerca del deseo (en la etapa fálica, donde al deseo sólo puede responder el deseo del Otro) en la dialéctica imaginaria del complejo de castración. Este conflicto, productor de todos los efectos sintomáticos de que da cuenta la psicopatología, debe entenderse como la disparidad radical entre ese corte que establece el deseo (la inadecuación respecto al sexo, la imposibilidad de su subjetivación) (19) y la pretensión narcisista de ser el falo.

El deseo, como tal, en tanto deseo de deseo, implica el reconocimiento de la falta, y se dirige, en la culminación de su constitución como sexual, a la falta en el Otro. Ser el falo, en cambio, es solidario de que falte la falta, ser el falo de la madre, su objeto fetiche, ese cuerpo entero en cuya misma completud la madre se completaría. Todo cuerpo nace investido como falo y, el estadio del espejo, cristalización narcisista, supone una mirada de mujer-madre que erotizará el cuerpo del niño como falo desde la imposición de su propia búsqueda narcisista de realización del deseo. (20)

Porque una cosa es el deseo y otra el fantasma de su realización. Igualmente, una cosa es que el deseo no se satisfaga, otra, que pueda renunciarse a la empresa, ilusoria, o alucinatoria, como se prefiera, de intentar colmarlo (al deseo, y a la falta, lo que viene a ser más o menos lo mismo).

Entonces, decíamos, el niño/cuerpo nace investido como falo, investidura de la que es imprescindible que se exilie. Para poder extraviarse de ese lugar, que la clínica no hace más que demostrar que es causa de tantos extravíos, habrá que pensar en la función de la metáfora paterna. Pero no es en este aspecto en el que queremos detenernos en este momento.

Quisiéramos volver a esa investidura fálica, constitutiva del narcisismo infantil. Y a la importancia de lo visual, de la mirada, en esta constitución. Si lo visual, la mirada, comportan en su función la ilusión de un "sí" al deseo, (21) de una respuesta a la pregunta que éste supone, en la intensidad de un recuerdo inconsciente o en la creencia que implica una identificación, nos gustaría sugerir que este trastabilleo de la posición "deseo del analista" podría tener que ver con la interferencia, en el análisis, del fantasma "Miran a un niño". Es interesante constatar que, la mayoría de las veces, estos trastabilleos coinciden con momentos del análisis en que el niño acosa al analista mediante la formulación de demandas acuciantes. El discurso del análisis parece interrumpirse y aparecer, en cambio, una apelación insoslayable a la presencia del Otro.* Momento de angustia, de máxima tensión transferencial, invocación del cuerpo, de lo real. Ante la dificultad que supone el estar sometido a estos momentos en que se pone en juego una demanda extrema, a veces, el analista, embargado por la angustia, responde. Pone en juego su propio fantasma. Este fantasma parece jugar un papel importante en toda cura de un niño, ahí donde el niño se exhibe a la mirada de un adulto. Algo del "cara a cara" en que se instituye la cura invoca un cierto privilegio de esta pulsión. Hasta aquí, la demanda voyeurista-exhibicionista del niño.

¿Pero qué sucede si a ésta, el analista responde con una demanda propia? ¿Si resigna el lugar de garante de la palabra y sucumbe a la fascinación provocativa de este supuesto niño/falo? ¿No es del orden de esta fascinación lo que se pone en juego en la tan mentada "observación directa" que siempre aparece asociada como una de las "ventajas" del trabajo con niños? ¿No está soportada acaso en el fantasma de un acceso más directo a un real, en este caso el niño, que se dejaría

* Otro, que fácilmente se degrada en un otro, en tanto lo que se intenta eludir es justamente la tachadura del Otro, o sea, que no existe.

observar, mirar, que compartiría con nosotros ese supuesto saber que él atesoraría como garantía de su niñez? La infancia, así concebida, ¿no aparece casi a nivel de lo in-humano? Y el analista, cuando pretende este tipo de saber acerca del niño ¿quiere y puede saber que no hay saber sobre lo sexual?

Creemos que es en el riesgo de quedar capturado en la creencia respecto de la existencia del niño como aquel que, gracias a los privilegios de lo pre-edípico (que no es más que la fantasía de lo no sujeto a la castración), gozaría de los privilegios del goce, que el analista puede ceder a su deseo. Ceder a su deseo por su propio fantasma de niño que, como vimos, se sostiene en la ecuación niño/falo. ¿Y si la analista es mujer?

Algunas perturbaciones en el análisis de un niño parecen estar relacionadas con esta forma particular de la resistencia por la cual, quien detenta el lugar de analista retrocedería horrorizado de causar la división, la pérdida del niño. Horror de la castración.* (22) Este retroceso frente a la división niño/infantil no sería más que un refugio en un reducto narcisista. Lo que tampoco justifica condenas superyoicas de "¡Oh, qué horror el narcisismo!" Porque si la resistencia, la fascinación imaginaria de un "sí" al deseo es condición interna al discurso mismo del inconsciente, los traspiés hacen al trabajo mismo y la posición "deseo del analista", como el inconsciente, sólo se efectivizará en las intermitencias de una práctica. Si no hay trabajo analítico sin resistencia, sin perturbaciones, ¿podríamos decir que las dificultades del análisis de niños delimitan las condiciones mismas de su posibilidad? O, para decirlo desde otro ángulo, ¿no podríamos pensar que la práctica del análisis de niños será un lugar donde se pondrá a prue-

---

* El analista, cuya ética no debe ser otra que ocupar ese lugar de *a*, causa del deseo para el analizante, quedaría identificado a los objetos *a*, "mirada" y "niño".

ba el hecho de que el analista deberá pasársela pasando el pase,* ya que éste nunca está asegurado? (23)

La forma de procurarlo, ya que no de asegurarlo, será la de interrogar, desde el "deseo del analista", las dificultades de este mismo. Uno de los caminos: escuchar la mirada.

---

* El "pase" designa esta operación con la que, más allá de una identificación, adviene el "deseo del analista".

NOTAS DEL CAPITULO V

1 LACAN, J.: "Introducción al Comentario de Jean Hyppolite" en *Escritos II*, México, Siglo XXI Editores, 1975, pág. 137.
2 FREUD, S.: "La interpretación de los sueños" en *Obras Completas*, Buenos Aires, Amorrortu editores, 1979, Tomo V, pág. 511.
3 FREUD, S.: "Fragmentos de la correspondencia con Fliess", en op. cit., Tomo I, Carta 72, págs. 308-309.
4 FREUD, S.: "Proyecto de Psicología" en op. cit., Tomo I, pág. 368.
5 FREUD, S.: "Estudios sobre la histeria" en op. cit., Tomo II, págs. 275-276.
6 FREUD, S.: op. cit., págs. 295-296.
7 LACAN, J.: *Seminario I. Los Escritos Técnicos de Freud*, Barcelona-Buenos Aires, Editorial Paidós, 1981, págs. 61-65.
8 FREUD, S.: "Sobre la dinámica de la transferencia" en *Obras Completas*, Buenos Aires, Amorrortu editores, 1980, Tomo XII, pág. 101.
9 Para este punto se puede recurrir al "Indice razonado de los

conceptos principales" que figura al final de *Escritos II*, op. cit., en particular "I. El Orden Simbólico. A. La estructura del significante. 3. *La estructura: lo simbólico, lo imaginario, lo real".*

10 FREUD, S.: "Introducción del narcisismo" en *Obras Completas,* op. cit., Tomo XIV, págs. 87-88.

11 FREUD, S.: "La interpretación de los sueños" en *Obras Completas,* op. cit., Tomo V, pág. 539.

12 LACAN, J.: *Seminario I. Los Escritos...,* op. cit., pág. 42.

13 LACAN, J.: *Seminario XI. Los Cuatro Conceptos Fundamentales del Psicoanálisis,* Barcelona, Barral Editores, 1977, pág. 133.

14 LÓPEZ GUERRERO, A.: "Observaciones sobre la noción de resistencia" en *Cuadernos Sigmund Freud,* Buenos Aires, 1971, N° 1: Temas de Jacques Lacan, págs. 49-56.

15 LACAN, J.: *Seminario VIII. La Transferencia,* 16 de noviembre de 1960, inédito.

16 LACAN, J.: *Seminario VIII. La Transferencia,* 8 de marzo de 1961, inédito y "Proposición del 9 de octubre de 1967" en *Ornicar? El saber del psicoanálisis,* Barcelona, Ediciones Petrel, 1981, págs. 11 y sigs.

17 La interpretación no se dirige al encuentro del significado del discurso del analizante. Por el contrario, su función de corte implica el cuestionamiento de la significación manifiesta, su efecto es aislar en el sujeto algo de sinsentido, el significante al que el sujeto está sometido.

18 Estamos tomando la mirada en su aspecto narcisista, como i (a). No como uno de los objetos *a* privilegiados de los que habla Lacan. No obstante, este privilegio no deja de tener relación, creemos, con la dimensión destacada por nosotros. Esta relación, compleja, excede, para ser desarrollada, las posibilidades y objetivos de este trabajo.

19 LACAN, JACQUES: *Seminario XV. El Acto Psicoanalítico,* 28 de febrero de 1968, inédito.

20 FREUD, S.: "Sobre las trasposiciones de la pulsión, en particular del erotismo anal" en *Obras Completas,* op. cit., Tomo XVII, págs. 117 y sigs.

21 GARCÍA, GERMÁN L.: "La ecuación cuerpo igual falo y su relación con el simbolismo" en *Cuadernos Sigmund Freud,* Buenos Aires, 1974, N° 4: Jornadas Sigmund Freud, págs. 45-62.

22 El tema del terror a la castración está tratado por Freud, por ejemplo, en "La cabeza de Medusa" en *Obras Completas,* op. cit., Tomo XVIII, pág. 270.

23 Sobre la experiencia del pase se puede consultar: Lacan, Jacques: "Sobre la experiencia del pase" en *Ornicar? El saber del psicoanálisis,* op. cit., págs. 31 y sigs. y de Miller, Jacques-Alain: "Introducción a las paradojas del pase" en la misma obra, págs. 45 y sigs.

CONCLUSIONES

Se nos hace difícil, si no impensable, proponer conclusiones a la manera de una síntesis. Pretendiendo de éste que sea un trabajo psicoanalítico, imposible para él, como para el inconsciente, conclusiones asemejables a puntos de arribo cerrados y definitivos.

A modo de pre-texto hemos denominado una introducción en la que damos cuenta de las razones que nos llevaron a encarar un tema como el propuesto. Adelantamos, también allí, las ideas generales que orientan el trabajo tanto como la forma en que ellas se encadenan entre sí. Lo que justifica la metodología utilizada. Explicitamos nuestra ubicación teórica y, desde ella, la lectura que hacemos de otras posiciones psicoanalíticas así como la manera en que ésta, nuestra posición, nos determina en los problemas que seleccionamos en el marco del trabajo psicoanalítico con niños.

Nuestro propósito, en los dos primeros capítulos, entre un punto de partida, el de las posiciones de más vigencia en el psicoanálisis y en el de niños en particular (el kleinismo y el annafreudismo) y uno de llegada, el de nuestro propio lugar teórico en correspondencia con la articulación del pensamiento freudiano y el de Lacan, ha sido desarrollar la idea de que el psicoanálisis con niños no amerita de ninguna especialidad, ni teórica ni técnica, y que éste, si puede sostener su quehacer, sólo puede hacerlo en las coordenadas conceptuales que fundan esa praxis.

Definidos el inconsciente, la repetición, la pulsión y la transferencia en un seguimiento según lo desarrollado por Lacan en el Seminario XI, intentamos articular cada uno de estos conceptos y la específica manera de interpretarlos con los lugares que, en la obra freudiana, permitirían dar cuenta de la fundación de estas nociones a la vez que de los desplazamientos que sobre ellas se operaran.

El inconsciente entendido en su sentido tópico, reinterpretado por Lacan como inconsciente estructurado como un lenguaje, esto es, cadena significante, regido por una ley, la compulsión a la repetición que, en su insistencia, evoca lo pulsional del goce convocando la presencia del objeto privilegiado en psicoanálisis, el objeto perdido; la transferencia remitida a su sentido originariamente freudiano, como transferencia y desplazamiento del deseo según lo desarrollado en el capítulo VII de "La interpretación de los sueños", son los ejes directrices alrededor de los que se organizan, como conceptos mayores, los otros en la teoría. Esto, en lo que respecta al capítulo II de este trabajo. Desde allí, y según el movimiento que, en un discurso, produce la significación, esto es, la retroacción, esperamos que lo planteado en el capítulo precedente, el I, adquiera más sentido: ubicar la discusión Anna Freud-Melanie Klein, fundante e inauguradora de un campo pero limitada al registro de lo imaginario. Tanto por la forma en que concibe el objeto psicoanalítico como por la manera, homóloga, en que se ubica en tanto postulación teórica.

Síntoma del olvido de la verdad freudiana, expresión del desplazamiento desviacionista por el que se psicologiza y/o biologiza al psicoanálisis haciéndolo recaer en mitos psicoevolutivos, esta discusión olvida, así como denuncia, el punto desde el que, creemos, se debe partir para aprehender la especificidad teórica y clínica de nuestro campo: que en psicoanálisis, en tanto se trata del sujeto del inconsciente, las diferencias no lo son ni de edad ni de desarrollo. Que en psicoanálisis, en tanto "infantil" se articula con "sexualidad" y con "reprimido", nunca tenemos que ver sino con el niño. Y de allí nuestra propuesta de transformar la pregunta: "¿Es posible analizar a un niño?" en esta otra: "¿Acaso, como psicoanalistas, es posible no hacerlo?"

Estos dos primeros capítulos demarcan también el punto desde donde pueden pensarse los problemas que abordamos en los tres capítulos siguientes: el del juego, el de la demanda (y el papel de los padres en relación a ella) y la particularidad de estos análisis de desplegarse en un "cara a cara". Tres variables que plantean, al psicoanálisis y al psicoanalista, problemas clínicos específicos.

En el capítulo III desarrollamos la tesis de que el juego no puede adscribirse a ninguna preverbalidad en el sentido de que es impensable fuera o más allá del lenguaje. Centrándonos en el ejemplo freudiano del "Fort-da" trabajamos la articulación significante del juego y las dos caras que lo vinculan, una, a la constitución del yo, la otra, como sublimación, como creación poética, a efectos de escritura y vicisitud pulsional.

El siguiente, el IV, se centra alrededor del problema de la demanda que, en el trabajo con niños, es de una especificidad particular por el hecho de que ésta viene siempre mediatizada y articulada con la de los padres. Nos detenemos en las dificultades que esta situación plantea y adelantamos cuál es, a nuestro parecer, la posición que el analista debe asumir frente a la complejidad de la misma. Subrayamos la importancia que tienen las primeras entrevistas así como el lugar que el trabajo con los padres ocupa en el despliegue de la cura. Sostenemos que, si bien los padres no son analizantes en sentido estricto, esto no justifica, en la escucha que hacia ellos dirigimos, que ésta se ordene según otras coordenadas que las de la estructura del Edipo y la castración.

Planteamos también la posibilidad que ofrece el trabajo con niños de operar más directamente en la dimensión de la estructura en la medida en que la intervención en el discurso de los padres se oriente hacia tra-

135

bajar el lugar de objeto del niño en el fantasma materno posibilitando la operación de la metáfora paterna.

Finalmente, en el último capítulo, nos centramos alrededor de las dificultades que supone el trabajo "cara a cara" en el análisis de un niño. Consideramos que algunos de los efectos que se producen pueden conceptualizarse como siendo del orden de la resistencia y es este concepto el eje del capítulo. Vinculamos el concepto de resistencia con las inducciones imaginarias producidas por la prevalencia de la mirada, con las fantasías específicas suscitadas en el analista en esta "ilusión" de observar al niño. Y, como manera de enfrentar esta dificultad sin quedar sometidos a ella, proponemos la única legítima en nuestro quehacer: la de la escucha.

No se nos escapa, y nos ha sido señalado por nuestro asesor, que cada uno de estos capítulos propone, un poco precipitadamente, lo que sería ocasión de mayores desarrollos. Puntos como el hablar con el juego, la relación de éste con el sueño y el chiste, la diferencia entre el aspecto significante del juego y el pulsional o lo propuesto en términos de la escucha a la mirada (capítulo V), no son sino nuevos pretextos para nuevos trabajos.

Conscientes de esta limitación elegimos, no obstante, concluir aquí, quizás en lugares que, como bordes, impliquen, para nosotros, la promesa de seguir abordándolos.

Por último, lo que alentó nuestra tarea fue la convicción y el deseo de constatar que, así como el niño es sujeto de pleno derecho, el psicoanálisis de niños también es un psicoanálisis que merece llamarse como tal.

BIBLIOGRAFÍA GENERAL

1 ARAMBURU, J.: "Un intento de privar a la madre" en *Actas de la Reunión sobre la enseñanza de Lacan y el psicoanálisis en América Latina*, Caracas, Editorial Ateneo de Caracas, 1982.
2 BARANGER, WILLY: POSICIÓN Y OBJETO en la obra de Melaine Klein, Buenos Aires, Ediciones Kargieman, 1971.
3 BLEICHMAR, SILVIA: "Para repensar el psicoanálisis de niños: El concepto de neurosis en la infancia a partir de la represión primaria" en *Trabajo de psicoanálisis*, México, Vol. 1, N° 1, 1981.
4 BOLLAND, J. y SANDLER, J.: *Indice Psicoanalítico de Hampstead. El caso de Andy. Psicoanálisis de un niño de dos años*, Buenos Aires, Ed. Tiempo Contemporáneo, 1975.
5 CARROLL, LEWIS: *Alicia en el País de las Maravillas*, Madrid, Alianza Editorial, 1979.
6 DIATKINE, R. y SIMON, J.: *El psicoanálisis precoz*, México, Siglo XXI Editores, 1975.
7 DOLTO, F.: *El caso Dominique*, México, Siglo XXI Editores, 1973.
8 DOLTO, F.: *Psicoanálisis y pediatría*, México, Siglo XXI Editores, 1974.
9 DOLTO, F.: *En el juego del deseo*, México, Siglo XXI Editores, 1983.
10 FENDRIK, SILVIA: "(se) nace un niño" en *Actas de la Reunión...*, op. cit.
11 FERRATER MORA, JOSÉ: *Diccionario de Filosofía*, Madrid, Alianza Editorial, 1979.
12 FREUD, ANNA: *Psicoanálisis del niño*, Buenos Aires, Ediciones Hormé, 1964.
13 FREUD, ANNA: *El yo y los mecanismos de defensa*, Buenos Aires, Ed. Paidós, 1973.
14 FREUD, ANNA: *Normalidad y patología en la niñez*, Buenos Aires, Ed. Paidós, 1973.
15 FREUD, ANNA: *Psicoanálisis del desarrollo del niño y el adolescente*, Buenos Aires, Ed. Paidós, 1976.
16 FREUD, ANNA: *Neurosis y sintomatología en la infancia*, Buenos Aires, Ed. Paidós, 1977.
17 FREUD, ANNA: *El psicoanálisis infantil y la clínica*, Buenos Aires, Ed. Paidós, 1977.
18 FREUD, SIGMUND: "Fragmentos de la correspondencia con Fliess" (1950 [1892-99]) en *Obras Completas*, Buenos Aires, Amorrortu editores, Tomo I, 1982.

19 FREUD, S.: "Proyecto de psicología" (1950 [1895]) en op. cit., Tomo I, 1982.
20 FREUD, S.: "Estudios sobre la histeria (Breuer y Freud)" (1893-95) en op. cit., Tomo II, 1980.
21 FREUD, S.: "Sobre los recuerdos encubridores" (1899) en op. cit., Tomo III, 1981.
22 FREUD, S.: "La interpretación de los sueños" (1900) en op. cit., Tomos IV y V, 1979.
23 FREUD, S.: "Psicopatología de la vida cotidiana" (1901) en op. cit., Tomo VI, 1980.
24 FREUD, S.: "Tres ensayos de teoría sexual" (1905) en op. cit., Tomo VII, 1978.
25 FREUD, S.: "El chiste y su relación con el inconsciente" (1905) en op. cit., Tomo VIII, 1979.
26 FREUD, S.: "El creador literario y el fantaseo" (1908) en op. cit., Tomo IX, 1979.
27 FREUD, S.: "Las fantasías histéricas y su relación con la bisexualidad" (1908) en op. cit., Tomo IX, 1979.
28 FREUD, S.: "Sobre las teorías sexuales infantiles" (1908) en op. cit., Tomo IX, 1979.
29 FREUD, S.: "La novela familiar de los neuróticos" (1909) en op. cit., Tomo IX, 1979.
30 FREUD, S.: "Análisis de la fobia de un niño de cinco años" (1909) en op. cit., Tomo X, 1980.
31 FREUD, S.: "Un recuerdo infantil de Leonardo da Vinci" (1910) en op. cit., Tomo XI, 1979.
32 FREUD, S.: "Las perspectivas futuras de la terapia psicoanalítica" (1910) en op. cit., Tomo XI, 1979.
33 FREUD, S.: "Trabajos sobre técnica psicoanalítica" (1911-15) en op. cit., Tomo XII, 1980.
34 FREUD, S.: "Los dos principios del acaecer psíquico" (1911) en op. cit., Tomo XII, 1980.
35 FREUD, S.: "Sobre psicoanálisis" (1913) en op. cit., Tomo XII, 1980.
36 FREUD, S.: "Introducción del narcisismo" (1914) en op. cit., Tomo XIV, 1978.
37 FREUD, S.: "Trabajos sobre metapsicología" (1915) en op. cit., Tomo XIV, 1978.
38 FREUD, S.: "Conferencias de Introducción al Psicoanálisis" (1915-17) en op. cit., Tomos XV y XVI, 1978.
39 FREUD, S.: "De la historia de una neurosis infantil" (1918) en op. cit., Tomo XVII, 1979.
40 FREUD, S.: "Sobre las trasposiciones de la pulsión, en particular del erotismo anal" (1917) en op. cit., Tomo XVII, 1979.
41 FREUD, S.: "Pegan a un niño. Contribución al conocimiento

de la génesis de las perversiones sexuales" (1919) en op. cit., Tomo XVII, 1979.

42 FREUD, S.: "Lo ominoso" (1919) en op. cit., Tomo XVII, 1979.

43 FREUD, S.: "Más allá del principio del placer" (1920) en op. cit., Tomo XVIII, 1979.

44 FREUD, S.: "Psicología de las masas y análisis del yo" (1921) en op. cit., Tomo XVIII, 1979.

45 FREUD, S.: "La cabeza de Medusa" (1940 [1922]) en op. cit., Tomo XVIII, 1979.

46 FREUD, S.: "El yo y el ello" (1923) en op. cit., Tomo XIX, 1979.

47 FREUD, S.: "La organización genital infantil" (1923) en op. cit., Tomo XIX, 1979.

48 FREUD, S.: "El sepultamiento del complejo de Edipo" (1924) en op. cit., Tomo XIX, 1979.

49 FREUD, S.: "La negación" (1925) en op. cit., Tomo XIX, 1979.

50 FREUD, S.: "Algunas consecuencias psíquicas de la diferencia anatómica de los sexos" (1925) en op. cit., Tomo XIX, 1979.

51 FREUD, S.: "Inhibición, síntoma y angustia" (1926) en op. cit., Tomo XX, 1979.

52 FREUD, S.: "El fetichismo" (1927) en op. cit., Tomo XXI, 1979.

53 FREUD, S.: "Sobre la sexualidad femenina" (1931) en op. cit., Tomo XXI, 1979.

54 FREUD, S.: "Nuevas conferencias de introducción al psicoanálisis" (1933) en op. cit., Tomo XXII, 1979.

55 FREUD, S.: "Análisis terminable e interminable" (1937) en op. cit., Tomo XXIII, 1980.

56 FREUD, S.: "Esquema del psicoanálisis" (1940 [1938]) en op. cit., Tomo XXIII, 1980.

57 GARCÍA, GERMÁN L.: "La ecuación cuerpo igual falo y su relación con el simbolismo" en Cuadernos Sigmund Freud, Buenos Aires, 1974, Nº 4.

58 GARCÍA, GERMÁN L.: ¿Por qué psicoanálisis de niños?, Rosario, Biblioteca Freudiana de Rosario, 1980, versión mimeográfica.

59 GARCÍA REINOSO, DIEGO: "El discurso familiar como escritura transindividual en el análisis de niños" en Diatkine et al.: Problemas de la Interpretación en Psicoanálisis de Niños, Barcelona, Gedisa, 1981.

60 HAMON, MARIE-CHRISTINE: "Hacer de madre" en Actas de la Reunión..., op. cit.

61 HUIZINGA, J.: Homo Ludens, Madrid, Alianza/Emecé, 1972.

62 IMAGO, Revista de Psicoanálisis, Psiquiatría y Psicología, Sexualidad infantil, Buenos Aires, Letra Viva, Nº 11, marzo 1984.

62 bis. INDART, JUANQUI: "...Porque (por qué) una 'taza' es el 'pecho' (?)" en Revista Cero, Buenos Aires, Grupo Cero, 1974, Nº 1, pág. 5.

63 ISAACS, S.: "Naturaleza y función de la fantasía" en Klein et al.: *Desarrollos en Psicoanálisis*, Buenos Aires, Ed. Hormé, 1967.

64 JAKOBSON, ROMAN: *Ensayos de lingüística general*, Barcelona, Editorial Seix Barral, 1975.

65 JUARROZ, ROBERTO: *Octava Poesía Vertical*, Buenos Aires, Carlos Lohlé, 1984.

66 KLEIN, MELANIE: *Contribuciones al Psicoanálisis*, Buenos Aires, Ediciones Hormé, 1964.

67 KLEIN, MELANIE: *El psicoanálisis de niños*, Buenos Aires, Ediciones Hormé, 1964.

68 KLEIN, MELANIE et al.: *Desarrollos en Psicoanálisis*, Buenos Aires, Ediciones Hormé, 1967.

69 KLEIN, MELANIE: *Envidia y gratitud*, Buenos Aires, Ediciones Hormé, 1969.

70 KLEIN, MELANIE: *Amor, odio y reparación*, Buenos Aires, Ediciones Hormé, 1968.

71 LACAN, JACQUES: *Escritos I y II*, México, Siglo XXI Editores, 1971 y 1975, respectivamente.

72 LACAN, J.: *Seminario I. Los Escritos Técnicos de Freud*, Barcelona-Buenos Aires, Editorial Paidós, 1981.

73 LACAN, J.: *Seminario II. El yo en la teoría de Freud y en la técnica psicoanalítica*, Barcelona- Buenos Aires, Ed. Paidós, 1983.

74 LACAN, J.: "Las formaciones del inconsciente" (Transcripción de J. B. Pontalis) en *Las formaciones del inconsciente*, Buenos Aires, Ediciones Nueva Visión, 1976.

75 LACAN, J.: "El deseo y su interpretación" (Transcripción de J. B. Pontalis) en *Las formaciones...*, op. cit.

76 LACAN, J.: *Seminario XI. Los cuatro conceptos fundamentales del psicoanálisis*, Barcelona, Barral Editores, 1977.

77 LACAN, J.: *Seminario XX. Aún*, Barcelona-Buenos Aires, Ed. Paidós, 1981.

78 LACAN, J.: "Proposición del 9 de octubre de 1967" en *Ornicar?*, Barcelona, Ediciones Petrel, 1981, Volumen I.

79 LACAN, J.: "La experiencia del pase" en *Ornicar?*, op. cit.

80 LACAN, J.: "La Tercera" en *Actas de la Escuela Freudiana de París*, Barcelona, Ed. Petrel, 1980.

81 LACAN, J.: *Seminario IV. Las relaciones de objeto y las estructuras freudianas*, inédito.

82 LACAN, J.: *Seminario VII. La ética del psicoanálisis*, inédito.

83 LACAN, J.: *Seminario VIII. La transferencia*, inédito.

84 LACAN, J.: *Seminario IX. La identificación*, inédito.

85 LACAN, J.: *Seminario X. La angustia*, inédito.

86 LACAN, J.: *Seminario XIV. La lógica del fantasma*, inédito.

87 LACAN, J.: *Seminario XV. El acto psicoanalítico*, inédito.

88 LACAN, J.: "El atolondradicho" en *Escansión 1*, Buenos Aires, Paidós, 1984.
89 LANDER, R.: *Melanie Klein, reflexiones sobre su vida y su obra*, Caracas, Editorial Ateneo de Caracas, 1979.
90 LAURENT, ERIC: "Lo que Melanie sabía..." en *Actas de la Reunión...*, op. cit.
91 LAURENT, ERIC et al.: 3er. Encuentro Internacional del Campo Freudiano, Buenos Aires, 1984. Relato sobre "El psicoanálisis con los niños".
92 LAPLANCHE, J. y LECLAIRE, S.: "El inconsciente: un estudio psicoanalítico" en Green et al.: *El inconsciente freudiano y el psicoanálisis francés contemporáneo*, Buenos Aires, Ediciones Nueva Visión, 1969.
93 LAPLANCHE, J. y PONTALIS, J.: *Diccionario de Psicoanálisis*, Barcelona, Editorial Labor, 1971.
94 LAPLANCHE, J. y PONTALIS, J.: "Fantasía originaria, fantasía de los orígenes, origen de la fantasía" en Green et al.: *El inconsciente freudiano...*, op. cit.
95 LEBOVICI, S.: *Significado y función del juego en el niño*, Buenos Aires, Ed. Proteo, 1969.
96 LECLAIRE, S.: *El objeto del psicoanálisis*, Buenos Aires, Siglo XXI Editores, 1972.
97 LECLAIRE, S.: *Matan a un niño. Ensayo sobre el narcisismo primario y la pulsión de muerte*, Buenos Aires, Amorrortu ed., 1975.
98 LECLAIRE, S.: *Para una teoría del complejo de Edipo*, Buenos Aires, Ediciones Nueva Visión, 1978.
99 LEFORT, ROSINE y ROBERT: *Nacimiento del Otro. Dos psicoanálisis. (Nadia, 13 meses. Marie Françoise, 30 meses)*, Barcelona, Paidós, 1983.
100 LE GAUFEY, G.: "¿Con quién identificarse? ¿De quién fiarse?" en *Ornicar?*, op. cit.
101 LÓPEZ GUERRERO, A.: "Observaciones sobre la noción de resistencia" en *Cuadernos Sigmund Freud*, op. cit.
102 MANNONI, M. et al.: *Psicosis infantil*, Buenos Aires, Ediciones Nueva Visión, 1971.
103 MANNONI, M.: *La primera entrevista con el psicoanalista*, Buenos Aires, Granica editor, 1973.
104 MANNONI, M.: *El niño, "su enfermedad" y los otros*, Buenos Aires, Editorial Nueva Visión, 1976.
105 MANNONI, M.: *La teoría como ficción*, Barcelona, Editorial Crítica, 1980.
106 MASOTTA, O.: "Edipo, castración, perversión" en *Ensayos lacaneanos*, Barcelona, Ed. Anagrama, 1976.
107 MASOTTA, O.: *Lecciones de introducción al psicoanálisis*. Vol. 1, Barcelona, Granica editor, 1977.

108 MASOTTA, O.: *El modelo pulsional*, Buenos Aires, Ed. Altazor, 1980.

109 MILLER, JACQUES-ALAIN: *Cinco conferencias caraqueñas sobre Lacan*, Caracas, Editorial Ateneo de Caracas, 1980.

110 MILLER, J.-A.:"Cláusulas de clausura de la experiencia analítica" en *Actas de la Reunión...*, op. cit.

111 MILLER, J.-A.: "Teoría de lalengua (rudimentos)" en *analítica*, Caracas, Editorial Ateneo de Caracas, 1979, Nº 1.

112 MILLER, J.-A.: "Algoritmos del psicoanálisis" en *Ornicar?*, Barcelona, Ed. Petrel, 1981, Volumen 2.

113 MILLER, J.-A.: *Dos dimensiones clínicas: síntoma y fantasma*, Buenos Aires, Ediciones Manantial, 1984.

114 MILLOT, CATHERINE: *Freud Antipedagogo*, Barcelona, Paidós, 1982.

115 NOUVELLE REVUE DE PSYCHANALYSE, *L'enfant*, París, Gallimard, Nº 19, 1979.

116 PORGE, ERIC: "Sobre el deseo del analista" en *Ornicar?*, op. cit.

117 RABINOVICH, DIANA: "El psicoanalista entre el amo y el pedagogo" en *analítica*, op. cit.

118 ROUSTANG, F.: *Un funesto destino*, México, Premia Editora, 1980.

119 SAFOUAN, M.: *Estudios sobre el Edipo*, México, Siglo XXI Editores, 1977.

120 SAFOUAN, M.: *El ser y el placer*, Barcelona, Ed. Petrel, 1982.

121 SAUSSURE, F.: *Curso de lingüística general*, Buenos Aires, Editorial Losada, 1974.

122 SEGAL, HANNA: *Introducción a la obra de Melanie Klein*, Buenos Aires, Ed. Paidós, 1965.

123 SEGAL, HANNA: *Notas sobre la formación de símbolos*, Buenos Aires, Facultad de Filosofía y Letras, ficha mimeográfica.

124 STERN, A. L.: "El niño ¿significante del Edipo?" en Clavreul, J. et al.: *Clínica y Metapsicología*, Buenos Aires, Editorial Trieb, 1979.

125 VASSE, D.: *El ombligo y la voz. Psicoanálisis de dos niños*, Buenos Aires, Amorrortu editores, 1977.

126 WINNICOTT, D. W.: *Realidad y juego*, Buenos Aires, Granica editor, 1972.

127 WINNICOTT, D. W.: *Psicoanálisis de una niña pequeña (The Piggle)*, Barcelona, Gedisa, 1980.

128 WINNICOTT, D. W.: *Clínica Psicoanalítica Infantil*, Buenos Aires, Ed. Hormé, 1980.

ÍNDICE

Este libro se terminó de imprimir
en el mes de noviembre de 1987
en Talleres Gráficos
Nuevo Graf-Art S.R.L.
Cosquín 1540, Buenos Aires
República Argentina